Wolfgang Schneider

Einführung in die Anwendung des Betriebssystems MS-DOS

Programmieren von Mikrocomputern

Die Bände dieser Reihe geben den Benutzern von Heimcomputern, Hobbycomputern bzw. Personal-
computern über die Betriebsanleitung hinaus zusätzliche Anwendungshilfen. Der Leser findet
wertvolle Informationen und Hinweise mit Beispielen zur optimalen Ausnutzung seines Gerätes,
besonders auch im Hinblick auf die Entwicklung eigener Programme.

Bisher erschienene Bände

Band 1   **Einführung in BASIC**
von W. Schneider

Band 2   **Lehr- und Übungsbuch für die Rechnerserien cbm 2001 und cbm 3001**
von G. Oetzmann

Band 3   **BASIC für Fortgeschrittene**
von W. Schneider

Band 4   **Einführung in Pascal**
von W. Schneider

Band 5   **Lehr- und Übungsbuch für die Rechnerserien cbm 4001 und cbm 8001**
von G. Oetzmann

Band 6   **BASIC-Programmierbuch zu den grundlegenden Ablaufstrukturen der Datenverarbeitung**
von E. Kaier

Band 7   **Lehr- und Übungsbuch für Commodore-Volkscomputer**
von G. Oetzmann

Band 8   **Assembler-Programmierung von Mikroprozessoren (8080, 8085, Z 80) mit dem ZX 81**
von P. Kahlig

Band 9   **Einführung in die Anwendung des Betriebssystems CP/M**
von W. Schneider

Band 10   **Datenstrukturen in Pascal und BASIC**
von D. Herrmann

Band 11   **Programmierprinzipien in BASIC und Pascal**
von D. Herrmann

Band 12   **Assembler-Programmierung von Mikroprozessoren (8080, 8085, Z 80) mit dem ZX Spectrum**
von P. Kahlig

Band 13   **Strukturiertes Programmieren in BASIC**
von W. Schneider

Band 14   **Logo-Programmierkurs für Commodore 64 Logo und Terrapin Logo (Apple II)**
von B. Schuppar

Band 15   **Entwerfen von Programmen (Commodore 64)**
von G. Oetzmann

Band 16   **Einführung in die Anwendung des Betriebssystems MS-DOS**
von W. Schneider

Band 17   **Das UCSD p-System (AT)**
von K. Buckner / M. J. Cookson / A. I. Hinxman / A. Tate

Band 18   **COBOL auf Mikrocomputer (AT)**
von W. Kähler

Programmieren von Mikrocomputern Band 16

Wolfgang Schneider

Einführung in die Anwendung des Betriebssystems MS-DOS

Mit Übungsaufgaben und Lösungen

Friedr. Vieweg & Sohn   Braunschweig / Wiesbaden

Das in diesem Buch enthaltene Programm-Material ist mit keiner Verpflichtung oder Garantie irgendeiner Art verbunden. Der Autor übernimmt infolgedessen keine Verantwortung und wird keine daraus folgende oder sonstige Haftung übernehmen, die auf irgendeine Art aus der Benutzung dieses Programm-Materials oder Teilen davon entsteht.

ISBN 978-3-528-04365-0   ISBN 978-3-322-85518-3
DOI 10.1007/978-3-322-85518-3

1985

Satz: Vieweg, Braunschweig

Vorwort

Das bevorzugte Betriebssystem für 16-bit-Mikrocomputer ist das MS-DOS-Betriebssystem. Der Band *Einführung in die Anwendung des Betriebssystems MS-DOS* in der Reihe *Programmieren von Mikrocomputern* richtet sich an Leser, die eine *grundlegende Einführung* in die Anwendung von MS-DOS-Betriebssystemen wünschen. Vorkenntnisse sind nicht erforderlich.

Aus der Vielzahl der möglichen MS-DOS-Kommandos wurden im Rahmen dieses einführenden Buches die MS-DOS-Kommandos ausgewählt und besprochen, die der Anwender im Normalfall benötigt. Auf spezielle Kommandos und Befehle, bzw. auf spezielle Varianten der Kommandos, wurde aus Gründen der Übersicht nicht eingegangen.

Auf eine knappe Einführung in die Datenverarbeitung, in der auf die Aufgaben der Betriebssysteme eingegangen wird, folgt eine kurze Übersicht über die allgemeine Struktur des MS-DOS-Betriebssystems. Darauf werden in einzelnen Kapiteln die wichtigsten MS-DOS-Kommandos erklärt. Die Reihenfolge wurde nach Möglichkeit so gewählt, wie es dem Arbeitsablauf bei der Anwendung des MS-DOS-Betriebssystems entspricht.

Eine Vielzahl von Beispielen in den einzelnen Kapiteln verdeutlicht die Anwendung der Kommandos. Das Wichtigste wird durch Merkregeln am Ende eines jeden Kapitels zusammengefaßt. Dies ist hilfreich, wenn der Anwender später schnell einmal nachschlagen möchte, um sich über den Aufbau eines Kommandos zu informieren.

Mit Hilfe von Übungsaufgaben in den einzelnen Kapiteln kann der Leser überprüfen, ob er die einzelnen MS-DOS-Kommandos richtig beherrscht. Die richtigen Lösungen findet er am Ende des Buches.

Cremlingen, Sommer 1985 *Wolfgang Schneider*

Inhaltsverzeichnis

1 Aufbau von Datenverarbeitungsanlagen 1
   1.1   Allgemeines 1
   1.2   Eingabeeinheiten. 2
   1.3   Speicher 3
   1.4   Rechenwerk... 4
   1.5   Steuerwerk 4
   1.6   Ausgabeeinheit 4
       1.6.1 Bildschirm 4
       1.6.2 Drucker 4
       1.6.3 Plotter 5
   1.7   Externe Speicher. 5
       1.7.1 Magnetbandkassettenrecorder 5
       1.7.2 Diskettenlaufwerke (Floppy-Disk-Laufwerke). 6
       1.7.3 Festplatte 10
   1.8   Struktur einer Datenverarbeitungsanlage 11

2 Allgemeiner Überblick über die Programmierung von
Mikrocomputern 12
   2.1   Allgemeines.. 12
   2.2   Programmiersprachen....................................... 12
       2.2.1 Maschinensprachen 12
       2.2.2 Assemblersprachen 14
       2.2.3 Problemorientierte Programmiersprachen. 15
   2.3   Übersetzer 17
       2.3.1 Compiler 17
       2.3.2 Interpreter... 18
       2.3.3 Vor- und Nachteile von Interpreter und Compiler 19

3 Allgemeiner Überblick über die Aufgaben von Betriebssystemen
bei Mikrocomputern 21
   3.1   Allgemeines.. 21
   3.2   Elementare Aufgaben....................................... 22
       3.2.1 Ablaufsteuerung 22
       3.2.2 Ein- und Ausgabesteuerung 22
       3.2.3 Speicherverwaltung 22
       3.2.4 Zusammenarbeit zwischen Ablaufsteuerung, Ein- und
              Ausgabesteuerung von Speicherverwaltung................. 23
       3.2.5 Weitere Aufgaben von Betriebssystemen 24

3.3   Betriebssystemkommandos 25
3.4   Dialog zwischen Mikrocomputer und Mikrocomputerbenutzer 26
3.5   Speicherung von Betriebssystemen 27

4   Grundlage des MS-DOS-Betriebssystems 29

4.1   Hardwareausrüstung 29
4.2   Softwareausrüstung 29
4.3   Die allgemeine Struktur des MS-DOS-Betriebssystems 30
4.4   Zusammenfassung 31
4.5   Übungsaufgaben 34

5   Erstellen einer landesspezifischen Systemdiskette 35

5.1   Vorbereitende Arbeiten zum Erstellen der landesspezifischen
        Systemdiskette 35
5.2   Schrittweises Erstellen der landesspezifischen Systemdiskette 37
5.3   Zusammenfassung 41
5.4   Übungsaufgaben 41

6   Starten des landesspezifischen MS-DOS-Betriebssystems 42

6.1   Kaltstart 42
6.2   Warmstart 43
6.3   Zusammenfassung 44
6.4   Übungsaufgaben 45

7   Formatieren neuer Disketten 46

7.1   Formatierungskommandos 46
7.2   Das MS-DOS-Diskettenformat 48
7.3   Zusammenfassung 49
7.4   Übungsaufgaben 50

8   Dateinamen 51

8.1   Dateien 51
8.2   Dateinamen 51
8.3   Dateihauptnamen 52
8.4   Dateiergänzungsnamen 52
8.5   Dateigruppennamen 53
8.6   Dateinamen mit Laufwerkangabe 55
8.7   Zusammenfassung 57
8.8   Übungsaufgaben 58

9   Einführung in die wichtigsten MS-DOS-Kommandos 59

9.1   Dauerhaft im Arbeitsspeicher gespeicherte MS-DOS-Kommandos 60
9.2   Wichtige von der MS-DOS-Systemdiskette ladbare Kommandos 61

10 Das DIR-Kommando 63

10.1   Aufgaben des DIR-Kommandos. 63
10.2   Die allgemeine Form des DIR-Kommandos 63
10.3   Fehlermeldungen 66
10.4   Bildschirmausgabesteuerung 66
10.5   Zusammenfassung 68
10.6   Übungsaufgaben 69

11 Das CHKDSK-Kommando 70

11.1   Aufgaben des CHKDSK-Kommandos 70
11.2   Die allgemeine Form des CHKDSK-Kommandos. 70
11.3   Auskünfte aufgrund des CHKDSK-Kommandos 71
11.4   Zusammenfassung 73
11.5   Übungsaufgaben 73

12 Das EDLIN-Kommando 74

12.1   Aufruf des Editors von der Systemdiskette im Systemlaufwerk A. . . . 74
12.2   Einrichten neuer Dateien 76
12.3   Eingabe von Daten in neue Dateien. 78
12.4   Verlassen des Editors 81
       12.4.1 Verlassen des Editors mit Übernahme der Eingaben
              bzw. Änderungen 81
       12.4.2 Verlassen des Editors ohne Übernahme der Eingaben
              bzw. Änderungen 81
12.5   Änderung von vorhandenen Dateien 82
       12.5.1 Quelldatei von der Diskette in den Arbeitsspeicher bringen 82
       12.5.2 Anzeigen von Dateizeilen und Dateibereichen auf dem
              Bildschirm mit Hilfe des L-Befehls 83
       12.5.3 Anzeigen von Dateizeilen auf dem Bildschirm
              mit Hilfe des Zeilenaufbereitungsbefehls 84
       12.5.4 Änderungsmöglichkeiten von Dateien 85
              12.5.4.1 MS-DOS-Aufbereitungstasten. 85
              12.5.4.2 Ersetzen von Zeichen durch andere Zeichen
                       in Dateizeilen 86
              12.5.4.3 Löschen von Zeichen in Dateizeilen 89
              12.5.4.4 Einfügen von Zeichen in Dateizeilen. 92
              12.5.4.5 Löschen von Dateizeilen 94
              12.5.4.6 Einfügen von Dateizeilen 95
              12.5.4.7 Austauschen von Zeichen und Zeichenfolgen. 97
              12.5.4.8 Aufsuchen von Zeichen und Zeichenfolgen 98
12.6   Bearbeiten umfangreicher Dateien 100
       12.6.1 Zurückspeichern von im Arbeitsspeicher gespeicherten
              Dateizeilen auf eine Diskette mit Hilfe des Editor-Befehls W . . . 101
       12.6.2 Anhängen von Dateizeilen einer Diskettendatei an das Ende
              der im Arbeitsspeicher befindlichen Dateizeilen mit Hilfe des
              Editor-Befehls A. 102

12.7   Die Sicherungsdatei 102
12.8   Das Öffnen und Schließen der Dateien 102
12.9   Zusammenfassung 104
12.10   Übungsaufgaben 109

13 Das COPY-Kommando 111

13.1   Kopierwünsche des Anwenders 111
13.2   Das allgemeine Kopier-Kommando 112
13.3   Kopierbeispiele zum Kopieren einzelner Dateien 114
        13.3.1 Vorbereitung 114
        13.3.2 Kopieren auf die gleiche Diskette 116
        13.3.3 Kopieren auf eine andere Diskette in einem anderen Laufwerk . . 117
        13.3.4 Kopieren auf eine andere Diskette, wenn nur ein Laufwerk
               vorhanden ist 118
13.4   Kopieren von Dateigruppen 119
13.5   Verketten von Dateien 120
13.6   Kopieren von umfangreichen Dateien bzw. Dateigruppen
        und Dateiketten 121
13.7   Steuerparameter beim Kopieren von Dateien 121
13.8   Sonderfälle 122
13.9   Zusammenfassung 123
13.10   Übungsaufgaben 124

14 Das DISKCOPY-Kommando 125

14.1   Das allgemeine Kopierkommando für ganze Disketteninhalte 125
14.2   Diskettenkopierbeispiele 126
14.3   Unterschied zwischen dem DISKCOPY und dem COPY-Kommando . . . 128
14.4   Zusammenfassung 128
14.5   Übungsaufgaben 128

15 Das SYS-Kommando 129

16 Das TYPE-Kommando 130

17 Ausdruck der Bildschirmausgabe 135

17.1   Ausgabe auf dem Drucker parallel zur Bildschirmausgabe 135
17.2   Ausdruck des momentanen Bildschirminhaltes auf dem Drucker . . . 135
17.3   Ausdruck von Dateiinhalten 136
17.4   Ausdruck des Dateiinhaltsverzeichnisses 136
17.5   Zusammenfassung 137
17.6   Übungsaufgaben 137

18 Das ERASE- oder DEL-Kommando 138

19 Das RENAME-Kommando 142

20 Das COMP-Kommando 146

21 Das DISKCOMP-Kommando 147

22 Das DATE-Kommando 148

23 Das TIME-Kommando 149

24 Stapelverarbeitung 150
    24.1   Die Stapelverarbeitungsdatei 150
    24.2   Die Stapelverarbeitungsdatei mit variablen Parametern 151
    24.3   Ausführen einer Stapelverarbeitungsdatei mit variablen Parametern 152
    24.4   Die Stapelverarbeitungsdatei AUTO EXEC.BAT 152

25 Die Kommandos BASIC und SYSTEM 153

26 Lösungen der Übungsaufgaben 155

27 Anhang 162
    27.1   Anhang A1: Glossarium 162
    27.2   Anhang A2: Der ASCII-Code 165
    27.3   Anhang A3: Umwandlung von Zahlen 171
            27.3.1 Umwandlung von Binärzahlen (Dualzahlen) in Dezimalzahlen . . 171
            27.3.2 Umwandlung von Dezimalzahlen in Binärzahlen (Dualzahlen) . . 172
    27.4   Anhang A4: Literaturverzeichnis 172

Sachwortverzeichnis 173

1 Aufbau von Datenverarbeitungsanlagen

1.1 Allgemeines

Datenverarbeitungsanlagen, kurz DVA genannt, sollen die Arbeit des Menschen in fast allen Bereichen des täglichen Lebens erleichtern. Dazu muß eine DVA wesentliche Teile der Aufgaben übernehmen können, die früher vom Menschen ausgeführt wurden.

Beispiel 1.1

An dem Beispiel einer Fernmelderechnungsstelle soll gezeigt werden, welche Aufgaben eine DVA übernehmen kann und welche dem Menschen noch verbleiben. Dabei wird dem Bearbeiter ein ,,Intelligenzgrad" zugeordnet, den man auch von einer DVA erwarten kann: Er kann nur lesen, schreiben und mit Hilfe eines Taschenrechners rechnen.

Zur Bewältigung seiner Aufgabe benötigt der Bearbeiter neben den oben genannten Fähigkeiten noch:

- **Eine bzw. mehrere Listen mit allen notwendigen Daten.**

  Die Liste enthält in diesem Beispiel u.a.:
  - die Namen der Kunden nebst einer Kundennummer (KNR),
  - den zum Kunden gehörenden alten Zählerstand (AZ),
  - den zugehörigen neuen Zählerstand (NZ),
  - die Grundgebühren (GG) und
  - die Gebühren je Zählereinheit (GZE).

Aus diesen Angaben soll der Bearbeiter die Gebühren (GEB) der Kunden ermitteln und das Ergebnis in der Gebührenspalte der Liste niederschreiben.

Da der Bearbeiter jedoch nur lesen, schreiben und einen Taschenrechner bedienen kann, ist er dazu nicht ohne weiteres in der Lage. Er benötigt noch eine

- **Arbeitsanweisung.**

Diese Arbeitsanweisung könnte z.B. so aussehen:

1. *Nehme* den Kunden mit der KNR 1.
2. *Gib* dessen NZ in den Taschenrechner ein.
3. *Subtrahiere* von dem vorher eingegebenen Wert den AZ.
4. *Multipliziere* das Ergebnis mit den GZE.
5. *Addiere* zu dem Ergebnis die GG.
6. *Lies* das Ergebnis.
7. *Schreibe* das Ergebnis in die Gebührenspalte der Liste des zugehörigen Kunden.
8. *Gehe* zur nächsten KNR über.
9. *Beginne* die Arbeitsanweisung bei Punkt 2 usw.

Wie aus dieser Arbeitsanweisung ersichtlich wird, besteht sie aus einer Folge von *Befehlen* (Gib, Subtrahiere, Multipliziere, ... usw.). Eine solche Arbeitsanweisung, die aus einer Folge von Befehlen (Anweisungen) besteht, nennt man ein *Programm*.

> **Ein Programm** ist eine in einer beliebigen Sprache abgefaßte, vollständige Anweisung zur Lösung einer Aufgabe mittels einer DVA.
>
> Unter dem Begriff **Daten** versteht man u.a. die Zahlenwerte, mit denen die jeweilige Aufgabe zu lösen ist.[1]

Programme und Daten stellen *Informationen* für die DVA dar, die von ihr verarbeitet werden. Daraus resultieren Begriffe wie:

Informationsverarbeitung, Informationstechnik, Informatik usw. Die Arbeitsweise einer DVA ähnelt der Arbeitsweise des Bearbeiters.

1.2 Eingabeeinheiten

Eine DVA wird ebenso mit *Programmen* und *Daten* versorgt, wie der Bearbeiter im Fernmeldeamt. Diesen Vorgang nennt man bei der DVA einfach *Eingabe*. Sie erfolgt über *Eingabeeinheiten*, z.B. über eine Tastatur, einen Lochkartenleser, einen Lochstreifenleser oder einen Klarschriftleser. Die Tastatur findet die häufigste Verwendung.

Alle Mikrocomputer besitzen im Gegensatz zu programmierbaren Taschenrechnern eine ASCII-Tastatur. ASCII ist eine Abkürzung und steht für „**A**merican **S**tandard **C**ode of **I**nformation **I**nterchange", was soviel bedeutet wie „Amerikanischer Normcode für Nachrichtenaustausch". Dieser Code verschlüsselt, vereinfacht gesagt, die *alphanumerischen*[1] Zeichen, d.h. die Ziffern, Buchstaben und Sonderzeichen, die auf den gebräuchlichen Schreibmaschinen zu finden sind, in einen dem Mikrocomputer verständlichen Code.

Die Anordnung der *Buchstabentasten* entspricht weitgehend der Anordnung der Tasten bei handelsüblichen Schreibmaschinen. Allerdings fehlen meist Zeichen wie ä, ö und ü, die somit durch zwei Zeichen wie ae, oe und ue dargestellt werden müssen. Außerdem ist meist die Lage von Z und Y ausgetauscht. Dies liegt daran, daß die Mikrocomputer im allgemeinen amerikanischen Ursprungs sind und dies dort die normale Anordnung der Tasten ist. Bei deutschen Herstellern wird im allgemeinen der deutsche Zeichensatz und eine Anordnung der Tasten nach der Deutschen Industrie-Norm verwendet (sog. *DIN-Tastatur*).

Die Ziffern sind vielfach zusätzlich in einem besonderen *numerischen Tastenfeld* mit den Rechenoperatoren zusammengefaßt, wie dies von Taschenrechnern bekannt ist.

Die Zahl und Lage der Tasten der *Sonderzeichen* ist sehr unterschiedlich, so daß hier keine allgemeinen Hinweise gegeben werden können.

Außerdem enthält das Tastenfeld aller Mikrocomputer im allgemeinen noch *Spezialtasten*, die beim Programmieren und beim Programmablauf häufig benötigt werden, z.B. Tasten zur Cursorsteuerung[1] und Tasten für Betriebssystemkommandos (vgl. Kapitel 3).

Beispiel 1.2

Die Eingabetastatur des *IBM PC* besitzt z.B. 83 Tasten. Sie lassen sich gruppieren in

- eine DIN-Schreibmaschinentastatur,
- einen Ziffernblock (Zehnertastatur) und
- 10 Funktionstasten.

Bild 1.1 zeigt die Anordnung der *einfarbigen* Tasten.

---

[1] Nähere Erläuterungen siehe Anhang A1.

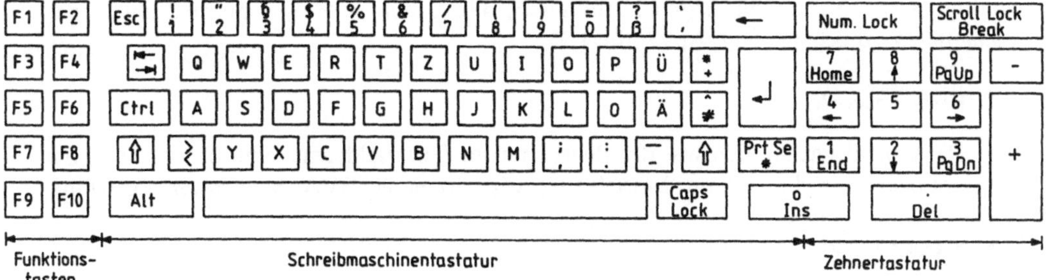

Funktions-   Schreibmaschinentastatur   Zehnertastatur
tasten

Bild 1.1 Eingabetastatur des IBM PC

Aus Platzmangel befinden sich auf den Tasten anstelle von Texten vielfach Symbole bzw. Abkürzungen, auf die hier, soweit sie nicht von der Schreibmaschinentastatur bekannt sind, nicht näher eingegangen wird.

1.3 Speicher

Programme und Daten müssen in einer DVA beliebig lange zur Verfügung stehen. Dazu müssen sie in der DVA in einem *Speicher* gespeichert werden. Während bei dem Bearbeiter im Fernmeldeamt zur langfristigen Speicherung der Daten ein Blatt Papier und zur kurzfristigen Speicherung das Gedächtnis genügte, müssen in einer elektronischen DVA elektronische Speicher verwendet werden.

Für die kurzfristige Speicherung werden heutzutage im allgemeinen Halbleiterspeicher eingesetzt. Derartige moderne Schreib-Lesespeicher[1] haben heute bereits eine Kapazität von 262 144 bit[1] (256 Kbit[1]) RAM[1]). Eine DVA kann selbstverständlich mehrere dieser Bausteine gleichzeitig enthalten. Eine wichtige Kennzahl für die Größe einer DVA ist die *Arbeitsspeicherkapazität*. Sie wird in Kbyte[1] angegeben. Kleine Mikrocomputer haben 1 K bis 64 Kbyte Speicherkapazität, größere DVAs mehrere Hundert Kbyte.

Die Information, die eine *Speicherzelle* (im allgemeinen 1 Byte) speichert, muß im gesamten Arbeitsspeicher wieder aufgefunden werden. Dazu ordnet man jeder Arbeitsspeicherzelle im Arbeitsspeicher eine *Adresse*[1] zu.

Der zur kurzfristigen Speicherung benutzte *Arbeitsspeicher* ist schnell, aber teuer. Daher ist die Kapazität des Arbeitsspeichers aus Kostengründen begrenzt. Es ist somit nicht sinnvoll, Programme und Daten in großen Mengen *langfristig* im Arbeitsspeicher zu behalten, sondern den „wertvollen" Speicher nur *während der Verarbeitung* von Programmen zu benutzen (daher: *Arbeits*speicher).

Für große, langfristig zu speichernde Informationsmengen muß ein billigeres, aber im allgemeinen auch langsameres Speichermedium gewählt werden, wie z.B. Magnetbänder, Magnetplatten, Magnetkassetten, Magnetdisketten.

Man faßt diese Art Speicher mit dem Sammelbegriff „*externe Speicher*" zusammen. Wichtig für ihren Einsatz ist die Kenntnis der *Zugriffszeit*. Das ist die mittlere Zeit, die

---

[1] Nähere Erläuterung siehe Anhang A1.

benötigt wird, um auf die Daten zuzugreifen, d.h. Daten vom Speichermedium in das *Rechenwerk* zu bringen (vgl. Abschnitt 1.7).

1.4 Rechenwerk

Eine DVA benötigt, ähnlich wie der Bearbeiter im Fernmeldeamt, eine Einrichtung, die Berechnungen ausführt. Diese Einrichtung wird in einer DVA *Rechenwerk* genannt.

1.5 Steuerwerk

Eine DVA muß das Programm ausführen können, indem es einen Befehl nach dem anderen abarbeitet. Dazu muß sie geeignete Einrichtungen besitzen, die die notwendigen, einfachen Handgriffe des Bearbeiters, z.B. die Tastenbedienung des Tischrechners, ersetzen können. Für diese Aufgabe ist in einer DVA ein *Steuerwerk* (Leitwerk) vorgesehen. Das Steuerwerk „versteht" ca. 100 verschiedene *Befehle*[1] und führt sie aus. Die Zeit, die zur Ausführung der Befehle benötigt wird, bestimmt die *Verarbeitungsgeschwindigkeit* der DVA[1].

1.6 Ausgabeeinheit

Eine DVA muß die Ergebnisse der Verarbeitung auf Wunsch ausgeben können. Diesen Vorgang nennt man bei einer DVA einfach *Ausgabe*. Sie erfolgt über *Ausgabeeinheiten*. Dies sind z.B. Bildschirme, Drucker, Plotter[1].

1.6.1 Bildschirm

Die wichtigste Ausgabeeinheit ist der Bildschirm, entweder in Form eines speziellen Monitors oder aber auch in Form eines handelsüblichen Fernsehers. Die Qualität der Darstellung ist bei einem speziellen Monitor selbstverständlich besser als die eines Fernsehers.

Beispiel 1.3

Für den *IBM PC* wird z.B. standardmäßig ein 11 1/2″[1] Schwarz-Weiß-Bildschirm angeboten. Auf ihm lassen sich in *25 Zeilen* je *80 Zeichen* darstellen. Jedes Zeichen wird aus einer 9 (horizontal) *14 (vertikal)-Punkt-Matrix aufgebaut. Hiermit ergibt sich eine *Auflösung* von 9 × 80 = 720 Punkte horizontal und 14 × 25 = 350 Punkte vertikal. Dies ist für normale Fälle (Arbeiten mit dem Zeichenvorrat der Tastatur) vollkommen ausreichend.

Für hochauflösende Grafiken ist dieser Bildschirm jedoch nicht geeignet. Für diese Zwecke muß ein *Farbgrafikbildschirm* benutzt werden, der i.a. den Einbau einer speziellen Platine erfordert (Farbgrafikbildschirm*adapter* mit einem 16 Kbyte Bildschirm-RAM).

1.6.2 Drucker

Drucker zur Dokumentation der Programme bzw. der Ergebnisse, die sich bei der Bearbeitung eines Programmes ergeben, gehören in der Regel nicht zur Standardausstattung von Mikrocomputern. Sie lassen sich aber als Zubehör käuflich erwerben. Teilweise muß Spezialpapier verwendet werden, wenn es sich um Thermo- oder Metallpapierdrucker handelt. Wer die Anschaffung von Druckern zunächst scheut, kann sich behelfen, indem er z.B. das Programm vom Bildschirm mit einer Sofortbildkamera fotografiert.

---

[1] Nähere Erläuterungen siehe Anhang A1.

Beispiel 1.4

IBM sieht z.B. für den IBM PC einen Graifikmatrixdrucker vor. Er kann 80 Zeichen pro Sekunde (characters per second, CPS) vor- und rückwärts auf Einzel- und Endlosformulare (mit Traktor) drucken. Die Breite der Formulare kann zwischen 4 und 10 Zoll liegen.

Mit Hilfe von Steuerzeichen lassen sich die Zeichen auch vergrößern bzw. verkleinern, verstärkt schreiben, hoch bzw. tief stellen, unterstreichen usw. Näheres zum Drucken mit Hilfe von MS DOS finden Sie in Kapitel 17.

1.6.3 Plotter

Der Plotter ermöglicht das Zeichnen beliebiger grafischer Darstellungen, oft in mehreren Farben auf unterschiedlichen Papierformaten. Die Farbstifte sind heutzutage meist Faserstifte. Durch geeignete Stiftwahl kann auch auf Klarsichtfolien gezeichnet werden.

Im Prinzip kann der Schreibstift nur in zwei Richtungen, in waagerechter oder in senkrechter Richtung, bewegt werden. Die Länge dieser Striche kann jedoch so klein gehalten werden, daß beliebige aus derart kurzen Strichen zusammengesetzte Kurven, wie z.B. Kreise, für das Auge fast wie kontinuierlich mit dem Zirkel gezeichnet aussehen.

Es können jedoch nicht nur Grafiken dargestellt werden, sondern auch:

- Buchstaben (auch ausländische, wie z.B. griechische, japanische und arabische Buchstaben),
- Ziffern (in verschiedenen Schräglagen, Drehungen u.dgl.) und
- beliebige Sonderzeichen.

Somit ist ein Plotter vielseitiger als ein Drucker. Er ist aber i.a. auch teurer und langsamer.

1.7 Externe Speicher

1.7.1 Magnetbandkassettenrecorder

Bei den meisten preiswerten Mikrocomputern wird im allgemeinen ein Magnetbandkassettenrecorder, der vielfach in das Gehäuse des Mikrocomputers integriert ist, mitgeliefert. Er dient zur externen Speicherung von Programmen und Daten. Einmal entwickelte Programme können z.B. auf der Kassette gespeichert werden und brauchen, falls sie wieder benötigt werden, nicht noch einmal mühsam über die Tastatur eingegeben werden. Ebenso lassen sich auch an anderer Stelle entwickelte und auf einer Kassette gespeicherte Programme auf dem eigenen Mikrocomputer ohne eigene Programmierung einsetzen. Dies ist für einen reinen Benutzer eines Mikrocomputers ohne jegliche Programmierkenntnisse besonders interessant.

Der *IBM PC* besitzt zum Anschluß eines Magnetbandkassettenrecorders einen Kassettenrecorderanschluß. Der Kassettenrecorder wird jedoch nicht standardmäßig von IBM angeboten, sondern ist von anderen Herstellern im Zubehörhandel erhältlich.

Der Magnetbandkassettenrecorder ist als Speichermedium relativ langsam (lange Zugriffszeit, siehe Abschnitt 1.3), aber preiswert. Er wird denjenigen, der den IBM PC voll nutzen will, nur kurze Zeit befriedigen.

1.7.2 Diskettenlaufwerke (Floppy-Disk-Laufwerke)

Bei großen Datenmengen ist der Kassettenrecorder als externer Speicher vielfach zu langsam, weil immer erst die entsprechende Stelle auf dem Band gesucht werden muß. Im Extremfall muß solange gewartet werden, bis das Band vom Anfang bis zum Ende durchgelaufen ist. Dies kann einige Minuten dauern.

> **Die Floppy-Disk ist ein externer Speicher, bei dem die Daten hingegen in Bruchteilen von Sekunden aufgefunden werden können (Bild 1.2).**

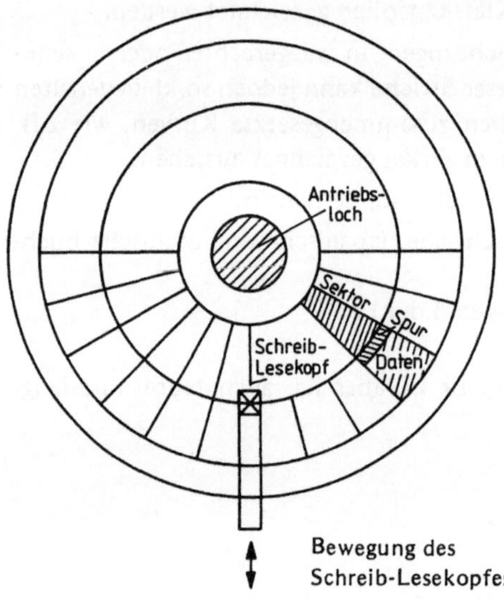

Bild 1.2
Prinzipieller Aufbau einer Floppy-Disk (Diskette)

Eine Floppy-Disk, kurz auch *Diskette* genannt, kann man sich wie eine Art Schallplatte vorstellen, jedoch ohne Rillen. Statt dessen befindet sich auf der Oberfläche eine magnetisierbare Schicht, ähnlich wie bei einem Tonband. Die Daten werden in konzentrischen Kreisen, sogenannten *Spuren*, auf der magnetisierbaren Scheibe (engl. disk) gespeichert bzw. von der Scheibe gelesen. Dazu dient ein *Schreib-Lese-Kopf*, der quer zur Scheibe verschoben werden kann. Dieser Schreib-Lese-Kopf wird z.B. beim Lesen von Daten über der Spur positioniert, die die gewünschten *Daten* enthält. Anschließend muß nur noch abgewartet werden, bis die gewünschten Daten infolge der Drehung der Scheibe unter dem Schreib-Lese-Kopf erscheinen.

Wie beim Tonband ist es auch bei einer Floppy-Disk notwendig, den Schreib-Lese-Kopf auf die Oberfläche der Diskette zu pressen. Damit der Verschleiß der dünnen Magnetschicht nicht zu groß wird, wählt man einerseits kein starres Material für die Scheibe, sondern einen „flexiblen" Kunststoff (daher der englische Name "floppy"-disk), der jedoch keinesfalls „weich" ist. Andererseits wird der Schreib-Lese-Kopf nur angedrückt, wenn die Diskette mit Daten beschrieben wird oder Daten gelesen werden sollen.

> Um zusammengehörige Daten auf der Diskette schnell ordnen zu können, wird die Diskette in <u>Sektoren</u> aufgeteilt. Dies geschieht teilweise hardwaremäßig durch Löcher in der Diskette, üblicherweise jedoch softwaremäßig durch eine Codierung (Formatierung).

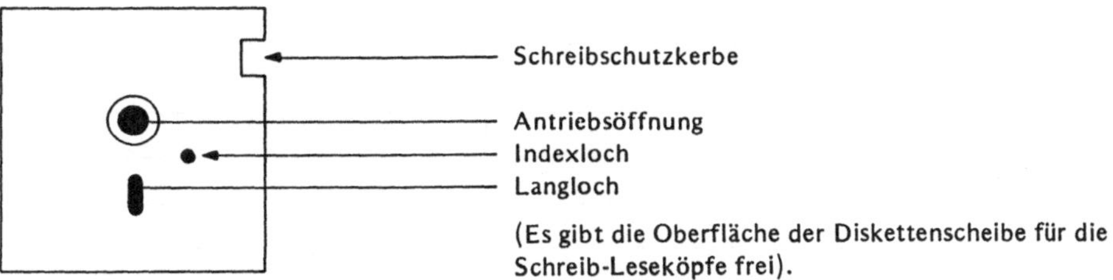

Bild 1.3 Diskette in fester Hülle

Eine feste *Hülle* schützt die Diskette ständig vor Staub, mechanischen Beschädigungen usw.

Von außen ist nur noch ein Loch für den *Antrieb der Scheibe*, ein *Langloch* quer zu den Spuren zum Zugriff auf die auf der Scheibe gespeicherten Daten und ein sog. *Indexloch*, das den physikalischen Anfang für alle Spuren auf der Diskette angibt, zugänglich (vgl. Bild 1.3).

Außerdem tastet das Mini-Floppy-Laufwerk eine sog. *Schreibschutzkerbe* der Floppy-Disk ab. Wenn sie durch einen nicht durchsichtigen Aufkleber überdeckt ist, können Daten und Programme nur von der Diskette gelesen werden. Wenn dieser Aufkleber entfernt wird, ist das Lesen *und* Beschreiben der Diskette möglich.

> Ein nicht erwünschtes Überschreiben der Daten und Programme kann somit verhindert werden, wenn die Schreibschutzkerbe der Diskette überklebt wird.

(Die IBM-DOS-Diskette wird sogar *ohne* Schreibschutzkerbe geliefert. Damit ist der Schreibschutz vom Werk gewährleistet.)

Technische Daten

Wichtige technische Angaben für Disketten sind:
- die Speicherkapazität und
- die Zugriffszeit zu den gespeicherten Daten.

Die Zugriffszeit hängt ab:
- von der Zeit, die der Schreib-Lese-Kopf benötigt, um sich von Spur zu Spur bis zur gewünschten Stelle fortzubewegen,
- von der Anzahl der Spuren auf einer Diskette und
- von der Umdrehungsgeschwindigkeit der Diskette.

Nach Speicherkapazität und Zugriffszeit unterscheidet man heute im wesentlichen zwei Disketten-Typen:

- die Normaldiskette (8"),
- die Minidiskette (5 1/4").

Die unterschiedlichen Daten zeigt folgende Tabelle:

	Normaldiskette	Minidiskette
Durchmesser	8" (8 Zoll)	5 1/4" (5 1/4 Zoll)
Anzahl der Spuren	77	40
Umdrehungsgeschw.	360 U/min	300 U/min
Mittlere Zugriffszeit	ca. 250 ms	ca. 450 ms
Speicherkapazität	ca. 256 Kbyte	160 Kbyte

In die Systemeinheit des *IBM PC* können z.B. bis zu zwei Mini-Diskettenlaufwerke eingebaut werden. Je nach Ausbau kann der IBM PC somit kein, ein oder zwei Laufwerke besitzen.

Die Speicherkapazität beträgt bei

- einseitigen Disketten (engl.: single sided)   160 Kbyte,
- zweiseitigen Disketten (engl.: double sided)   320 Kbyte.

Die Disketten verfügen über 40 Spuren (Spur $\emptyset$ bis 39). Jede Spur wird in 8 Sektoren zu je 512 bytes unterteilt (formatiert).

Daraus läßt sich die oben angegebene Speicherkapazität wie folgt ermitteln:

Speicherkapazität je Diskettenseite:
40 Spuren * 8 Sektoren * 512 byte = 163840 byte = 160 Kbyte.

Beispiel 1.5
Um eine Vorstellung von dieser Speicherkapazität zu gewinnen, kann man sie mit der Speicherkapazität einer DIN-A 4-Schreibmaschinenseite vergleichen. Geht man davon aus, daß man auf einer normalen DIN-A 4-Seite bei normaler Schriftgröße ca. 50 Zeilen mit ca. 65 Zeichen je Zeile unterbringen kann, so ist die

Speicherkapazität je DIN A-4-Seite: 50 Zeilen * 65 Zeichen = 3250 Zeichen = 3250 bytes[1].
Speicherkapazität je Diskettenseite im Vergleich zu einer DIN A4-Seite:
163840 byte: 3250 byte = 50,4 DIN-A4-Seiten.

Auf einer Seite einer Minidiskette lassen sich somit ca. 50 vollbeschriebene DIN-A 4-Seiten speichern.

Ein Teil dieser Speicherkapazität ist jedoch vielfach für den Anwender nicht verfügbar, wie z.B.

- die Spur $\emptyset$ und 1, die beim IBM PC für Teile des MS-DOS-Betriebssystems sowie
- für das Inhaltsverzeichnis der Diskette benötigt wird (siehe Abschnitt 7.2).

Die Daten werden wahlfrei in zufällig freie Sektoren geschrieben (daher engl.: random Dateien, d.h. Dateien mit wahlfreiem Zugriff durch eine Adressierung der Sektoren).

---

[1] Zur Speicherung von einem Zeichen wird ein byte benötigt.

Jeder Sektor ist durch seine Spur- und Sektornummer eindeutig beschrieben. Längere Folgen von Daten, z.B. Programme die mehr als 512 bytes erfordern, benötigen mehrere Sektoren. Die Zusammengehörigkeit läßt sich über eine *Folge* von Spur- und Sektornummern festlegen. Das „Merken" und „Eingeben" dieser Nummern wäre für den Anwender mühselig. Diese Aufgabe nimmt das MS-DOS-Betriebssystem dem Anwender des Mikrocomputersystems ab. Der Anwender muß der Folge von Daten, der *Datei*, lediglich einen *Dateinamen* geben. Mit Hilfe dieses Dateinamens speichert das MS-DOS-Betriebssystem die Datenfolge auf der Diskette in freien Sektoren und findet andererseits die Datenfolge mit Hilfe des Dateinamens wieder.

Formatieren von Disketten

> Eine fabrikneue Diskette muß zunächst <u>formatiert</u> werden, bevor Daten und Programme darauf gespeichert werden können.

Dies bedeutet, daß man eine Diskette zur Aufnahme von Daten vorbereiten muß. Da es verschiedene Formate gibt (z.B. Sektoren mit 256 bzw. 512 bytes), muß dies im allgemeinen der Benutzer mit Hilfe seines Mikrocomputers selbst vornehmen.

Zu den Formatierungsaufgaben gehört

— das Prüfen auf defekte Spuren der Diskette. Wird eine defekte Spur erkannt, werden keine Daten auf dieser Spur gespeichert (geschrieben).

— das Anlegen eines Dateiinhaltsverzeichnisses,
  d.h. es wird Speicherplatz für alle Dateinamen reserviert, deren Dateiinhalte auf der Diskette gespeichert werden.

Im allgemeinen wird eine Diskette nur einmal formatiert, nämlich dann, wenn eine fabrikneue Diskette das erste Mal benutzt wird. Gründe für eine Formatierung benutzter Disketten sind:

— Man stellt defekte Spuren bei der Benutzung fest, möchte aber dennoch die Diskette weiter nutzen.

— Man möchte die Daten auf einer Diskette vollständig löschen.

— Man möchte Disketten von anderen Mikrocomputersystemen nutzen, die ein anderes Format aufweisen. Die vorher aufgebrachten Daten werden dabei gelöscht.

Formatierungsvorgang

> Zum Formatieren einer Diskette mit Hilfe des Mikrocomputers benötigt man ein Programm, das den Formatierungsvorgang beinhaltet. Dieses Programm ist in Form einer Datei auf einer Diskette, der MS-DOS-Diskette, enthalten. Diese Datei besitzt den Namen FORMAT.

Behandlung von Disketten

- Die ungeschützte Diskettenoberfläche darf nicht berührt werden.
- Die Diskette ist mit Hilfe der Schutzhülle aus Papier vor Staub zu schützen.
- Die Diskette darf nicht gebogen werden.
- Die Disketten sind von magnetischen Feldern fernzuhalten.

Zukünftige Entwicklung

Die technische Entwicklung von Diskettenlaufwerken geht in Richtung von Disketten mit kleinerem Durchmesser, die aber dennoch die gleiche Speicherkapazität aufweisen wie die Minidisketten. Die Spuren müssen daher enger liegen. Die Spurbreite selbst ist ebenfalls geringer als bei Minidisketten. Dies erfordert, wie man sich vorstellen kann, eine sehr präzise Positionierung der Schreib-Lese-Köpfe.

1.7.3 Festplatte

Wie der Name Festplatte schon zeigt, lassen sich die Festplatten nicht aus dem Fest-plattenlaufwerk herausnehmen. Sie sind fest mit dem Laufwerk verbunden und somit nicht zu wechseln. Dieser Nachteil wird durch folgenden Vorteil aufgewogen:

Da die Festplatten nicht vom Antrieb lösbar sind, sind die Toleranzen in der Bewegung der Platten geringer als bei Disketten. Somit können die Spuren dichter nebeneinander angeordnet werden. Aus diesem Grunde sind bei gleicher Oberfläche mehr Spuren auf den Oberflächen der Festplatte möglich als bei Disketten. Dadurch wird die Speicher-kapazität gegenüber Disketten erhöht. Außerdem sind infolge der festen Kopplung höhere Umdrehungsgeschwindigkeiten gegenüber Diskettenlaufwerken möglich. Dies vermindert die Zugriffszeit. Ferner lassen sich auf derselben Antriebswelle mehrere Platten anbringen, so daß sich dadurch die Speicherkapazität vervielfachen läßt.

Einen Vergleich der technischen Daten von Disketten- und Festplatten zeigt folgende Tabelle:

	Festplatte	Minidiskette (5 1/4″)
Speicherkapazität pro Oberfläche	10 Mbyte	160 Kbyte
Anzahl der Spuren pro Seite	306	40
Seitenzahl	2 bzw. 4	1 bzw. 2
Zugriffszeit	90 ms	450 ms
Umdrehungsgeschwindigkeit	3600 U/min	300 U/min

Bei Einbau eines entsprechenden Adapters in die Systemeinheit des IBM PC und dem Einsatz des Betriebssystems MS DOS 2.0 können auch zwei Festplattenlaufwerke mit je 10 Mbyte (1 Mbyte = 1000 Kbyte) als Massenspeicher benutzt werden.

1.8 Struktur einer Datenverarbeitungsanlage

Aus den vorher genannten Komponenten ergibt sich beim Zusammenwirken die folgende Struktur einer Datenverarbeitungsanlage (Bild 1.4):

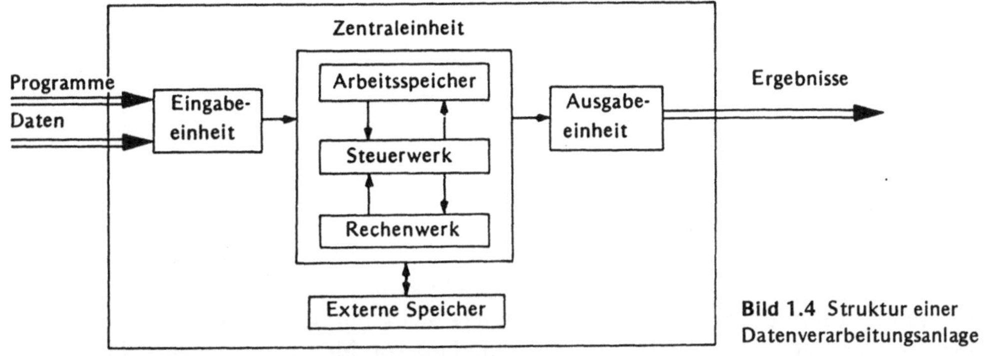

Bild 1.4 Struktur einer Datenverarbeitungsanlage

Der Arbeitsspeicher sowie das Rechen- und Steuerwerk werden meist unter dem Begriff *Zentraleinheit* zusammengefaßt. Unter einem *Zentralprozessor* (engl. Central Processing Unit = CPU) versteht man hingegen nur die Zusammenfassung von Steuer- und Rechenwerk.

Wie Bild 1.4 zeigt, stellen Datenverarbeitungs*anlagen* zwar die technischen Funktionseinheiten zur Verfügung, aber erst die Verbindung von DVA und Programm ergibt ein funktionsfähiges Datenverarbeitungs*system*, in dem die technischen Funktionseinheiten der DVA in gewollter, sinnvoller Weise selbsttätig die gestellte Aufgabe lösen und die eingegebenen Daten wunschgemäß verarbeiten.

Die geistige Leistung, die dem Menschen verbleibt, liegt in der für die DVA verständlichen Beschreibung der Arbeitsanweisung, der *Anwender-Programmierung* der DVA. Diese Aufgabe kann von keiner Maschine übernommen werden.

Bei programmgesteuerten Datenverarbeitungssystemen wird somit bewußt eine Trennung zwischen Arbeitsanweisung (Anwenderprogramm oder Anwender-*Software*) und ausführender technischer Anlage (DVA oder *Hardware*) vorgenommen. Dadurch ist ein und dieselbe Anlage fähig, nicht nur eine einzige, sondern eine Vielzahl von verschiedenen Aufgaben auszuführen. Wenn eine DVA eine andere Aufgabe bearbeiten soll, braucht nur das Anwenderprogramm geändert bzw. ausgetauscht werden.

> **Unter Hardware versteht man alle technischen Funktionseinheiten einer DVA.**
>
> **Unter Software versteht man eine Folge von Anweisungen (Programm), die die Hardware zu einer gewünschten Tätigkeit veranlassen.**

Die Arbeitsanweisungen (Programme) müssen natürlich so formuliert werden, daß sie von der DVA verstanden werden. Die dazu geeigneten Sprachen nennt man Programmiersprachen.

2 Allgemeiner Überblick über die Programmierung von Mikrocomputern

2.1 Allgemeines

Die Hardwareausstattung eines Mikrocomputers stellt nur die technischen Funktionseinheiten zur Verfügung. Aber erst die Verbindung von Mikrocomputer und Programm führt zu einem funktionsgerechten Datenverarbeitungssystem (siehe Abschnitt 1.8), d.h. das Programm veranlaßt die Hardware zu einer gewünschten Tätigkeit. Zur Formulierung von Programmen bedient man sich geeigneter Programmiersprachen.

2.2 Programmiersprachen

Zum Erstellen von Anwenderprogrammen lassen sich prinzipiell folgende Arten von Programmiersprachen verwenden:

- Maschinensprachen
- Assemblersprachen
- Problemorientierte Programmiersprachen

2.2.1 Maschinensprachen

In den Anfängen der Datenverarbeitung wurden die Arbeitsanweisungen für eine DVA in der Maschinensprache (Maschinencode) programmiert. Dabei handelt es sich in der Regel um eine *Codierung der Befehle*[1] *mit Hilfe von Binärziffern*[1], die von den digital arbeitenden Datenverarbeitungsanlagen ohne weitere Übersetzung verstanden werden und ohne menschliche Hilfe in Steuersignale umgesetzt werden können.

Beispiel 2.1

Am Beispiel einer Addition soll die Codierung in der Maschinensprache verdeutlicht werden.

In Worten ließe sich die Addition der Zahlen 8 und 1 wie folgt formulieren:

1. Lade in das Register[1] A (Akkumulator) des Mikroprozessors den Zahlenwert 8.
2. Lade in das Register B des Mikroprozessors den Zahlenwert 1.
3. Addiere den Registerinhalt des Registers B zum Registerinhalt des Registers A und speichere das Ergebnis im Register A (Akkumulator).

---

[1] Nähere Erläuterung siehe Anhang A1.

Würde man zur Realisierung dieser Aufgabe den Mikroprozessor 8080/8085 von INTEL benutzen, so würde das Programm in der Maschinensprache wie folgt aussehen:

Byte-Nr.	Maschinensprache (binär)	Erläuterung
1 2	00111110 00001000	Laden in das Register A den Zahlenwert 8
3 4	00000110 00000001	Laden in das Register B den Zahlenwert 1
5	10000000	Addition der Zahlenwerte und Speicherung des Ergebnisses im Register A

Bei anderen Mikroprozessoren ist der verwendete binäre Code der Maschinensprache für die einzelnen Befehle wie auch die Zahl und die Art der Befehle, die verschiedene Mikroprozessoren verstehen, unterschiedlich.

> **Maschinensprachen werden heute nur noch selten benutzt. Dies liegt vor allem daran, daß die Darstellung der Befehle durch Binärziffern**
>
> - **relativ zeitaufwendig,**
> - **recht unübersichtlich und damit fehleranfällig und**
> - **schwer merkbar und somit schwer erlernbar ist.**

Eine gewisse *Vereinfachung* wird erreicht, wenn man Befehle und Zahlen nicht als Binärziffern schreibt, sondern eine hexa*dezimale Schreibweise* wählt. Hier werden jeweils die ersten und letzten 4 Binärwerte eines Bytes zu einem Hexadezimalwert wie folgt zusammengefaßt:

Binär	Hexadezimal	Binär	Hexadezimal
0000	0	1000	8
0001	1	1001	9
0010	2	1010	A
0011	3	1011	B
0100	4	1100	C
0101	5	1101	D
0110	6	1110	E
0111	7	1111	F

Beispiel 2.2

Das vorangegangene Additionsprogramm ließe sich mit Hilfe der hexadezimalen Schreibweise wie folgt schreiben:

Byte-Nr.	Maschinensprache (Index H-hexadezimale Schreibweise)
1	$3E_H$
2	08_H
3	06_H
4	01_H
5	80_H

Ein derartiges Programm ist schon etwas übersichtlicher als ein Programm in Binärdarstellung. Außerdem ist die Eingabe einfacher.

Mit wachsenden Aufgaben in der Datenverarbeitung wurde jedoch bald deutlich, daß nach einer noch einfacheren, schnelleren und wirtschaftlicheren Programmierung gesucht werden mußte.

2.2.2 Assemblersprachen

Mit der Entwicklung von Assemblersprachen wurde ein weiterer Schritt zur Vereinfachung der Programmierung getan.

> **Die Assemblersprache ist eine symbolische Programmiersprache, bei der der Befehlsschlüssel nicht mehr aus einer Folge von Binär- bzw. Hexadezimalzeichen besteht, sondern aus einem leicht erlernbaren symbolischen Code. Speicherplatzadressen können ebenfalls durch einen symbolischen Namen gekennzeichnet werden.**

Beispiel 2.3

Das schon besprochene Additionsprogramm ließe sich dann mit Hilfe der Assemblersprache des INTEL-Mikroprozessors 8080/8085 schreiben:

Befehl-Nr.	Assemblersprache
1	MVI A, 8
2	MVI B, 1
3	ADD B

Die ersten drei Buchstaben der Assemblersprache geben den symbolischen *Operationscode* an.

— MVI   steht als Abkürzung für die englischen Worte: <u>mo</u>ve <u>i</u>mmediate (deutsch: bewege, bringe, lade sofort). Auf diesen Operationscode folgt der *Operand*, d.h. die Angabe, wohin (hier Register A bzw. B) ein Zahlenwert (hier 8 bzw. 1) zu bringen ist.

— ADD   steht als Abkürzung für das englische Wort: *add* (deutsch: addiere). Auf diesen Operationscode folgt ebenfalls der Operand, d.h. in diesem Falle die Angabe, welcher Registerinhalt (hier der Inhalt von Register B) zum Inhalt des Akkumulators (Register A) zu addieren ist und wo das Ergebnis abzuspeichern ist (Register A).

Wie dieses Beispiel zeigt, lassen sich diese Befehle einfacher merken als die Befehle im Maschinencode.

Die Datenverarbeitungsanalge „versteht" jedoch nur den Maschinencode. Es muß also eine Einrichtung gefunden werden, die die Assemblersprache in die Maschinensprache überführt. Diesen Vorgang nennt man auch, da es sich um Sprachen handelt, *Übersetzung*. Sie läuft nach festen Regeln ab und kann deshalb mit Hilfe eines geeigneten *Programmes* von der DVA selbst vorgenommen werden.

> **Das Übersetzungsprogramm, das die Assemblersprache in die Maschinensprache übersetzt, heißt <u>Assembler</u>.**

Diesen Übersetzungsvorgang stellt Bild 2.1 grafisch dar.

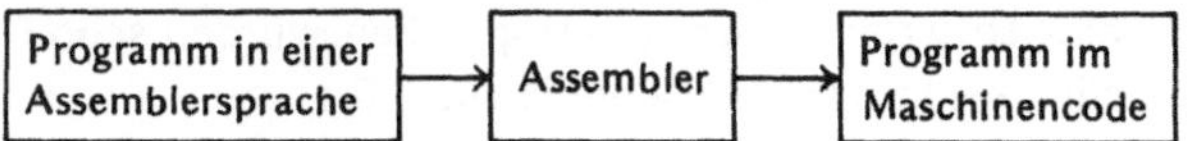

Bild 2.1 Übersetzung eines in Assemblersprache geschriebenen Programms in die Maschinensprache (Maschinencode)

> **Die Assemblersprache ist eine maschinenorientierte Programmiersprache, weil jeder Befehl der Maschinensprache durch einen symbolischen Ausdruck ersetzt wird.**

Dies hat Vor- und Nachteile.

Als Vorteil der Assemblersprache gegenüber der Maschinensprache wäre zu nennen:

> **Der Programmieraufwand ist weniger zeitaufwendig, da sich die Befehle leichter merken lassen. Außerdem wird das Programm übersichtlicher und somit weniger fehleranfällig.**

Folgende Nachteile wären jedoch immer noch anzuführen:

> **Da die Assemblersprache maschinenorientiert ist, hängt sie vom Typ der DVA ab, so daß zur Programmierung eines bestimmten Problems für verschiedene DVA-Typen unterschiedliche Programme geschrieben werden müssen.**

2.2.3 Problemorientierte Programmiersprachen

Den genannten Nachteil der Assemblersprachen vermeiden die problemorientierten Programmiersprachen. Ihre Entwicklung orientiert sich unabhängig von der jeweiligen Maschinensprache nur am Problem. Dadurch werden sie anlageunabhängig. Als Beispiel mögen die mathematisch-naturwissenschaftlich orientierten Programmiersprachen dienen. Sie beschreiben unabhängig von der Maschinensprache eine mathematische Aufgabe, wie aus der Mathematik gewohnt, mit Hilfe einer mathematischen Formel.

Beispiel 2.4

Um bei dem Beispiel einer Addition von zwei Zahlenwerten zu bleiben, kann das Additionsprogramm in einer problemorientierten Programmiersprache wie folgt formuliert werden:

$8 + 1.$

Wie schon dieses einfache Beispiel zeigt, ist die Zahl der Maschinenbefehle im allgemeinen größer als die Zahl der verwendeten Sprachelemente bei problemorientierten Programmiersprachen.

> **Die problemorientierten Programmiersprachen zeichnen sich aus durch:**
> - **bessere Überschaubarkeit der Programme durch Anweisungen in der Fachsprache**
> - **geringen Zeitbedarf für die Programmierung**
> - **leichte Erlernbarkeit**
> - **Unabhängigkeit von dem Typ der Datenverarbeitungsanlage (sog. Portabilität)**

Die Vorteile des Einsatzes von problemorientierten Programmiersprachen wurden schon erwähnt. Es gibt jedoch nicht nur Vorteile, sondern auch Nachteile wie z.B.:

- Die Übersetzungszeit ist länger als die Übersetzungszeit eines entsprechenden speziellen Assemblerprogrammes.
- Die Ausführungszeit (Rechenlauf) ist länger als die Ausführungszeit eines entsprechenden speziellen Assemblerprogrammes.
- Die Programmierung eines Compilers ist aufwendiger als die eines Assemblers.
- Der Compiler (nicht das Anwenderprogramm) ist abhängig vom Typ der DVA.

Weit verbreitete problemorientierte Programmiersprachen sind:

Name	Bedeutung	Anwendungsbereich
ALGOL	Algorithmic Language	mathem.-naturwissenschaftlich
FORTRAN	Formula Translation	mathem.-naturwissenschaftlich
COBOL	Common Business Oriented Language	kommerziell
PL1	Programming Language Nr. 1	kommerziell/mathem-naturwissenschaftlich
BASIC	Beginners All-Purpose Symbolic Instruction Code	Programmierung im Dialog mit der DVA.
APL	A Programming Language	Programmierung im Dialog mit der DVA.
Pascal	Benannt nach dem Mathematiker Pascal.	Strukturierte Programmierung allgemeiner Probleme.

Eine z.B. als mathematische Formel dargestellte Anweisung kann eine Datenverarbeitungsanlage nicht direkt „verstehen" (vgl. Beispiel 2.4). Sie „versteht" nur die Maschinensprache. Daher ist eine Übersetzung von der mathematischen Formelsprache in die Maschinensprache nötig (vgl. Beispiel 2.1). Da die Übersetzung nach festen Regeln ablaufen muß, kann die Datenverarbeitungsanlage auch hier die Übersetzung selbst durch Verwendung eines geeigneten Programms vornehmen.

> **Prinzipiell können zwei Arten von Übersetzerprogrammen unterschieden werden:**
> - **Compiler und**
> - **Interpreter**

Der Übersetzungsvorgang läßt sich grafisch wie folgt darstellen (s. Bild 2.2):

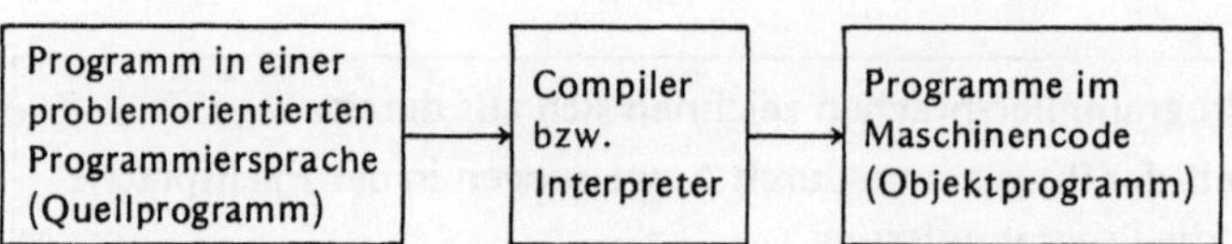

Bild 2.2 Übersetzung eines in einer problemorientierten Programmiersprache geschriebenen Programms in ein Maschinencodeprogramm

2.3 Übersetzer

2.3.1 Compiler

> **Compiler (engl. to compile, d.h. zusammensetzen) übersetzen in einem direkten Schritt einen Befehl der problemorientierten Programmiersprache nach dem anderen in den Maschinencode und speichern ihn im Arbeitsspeicher der DVA.**

Das in der problemorientierten Programmiersprache geschriebene Programm nennt man auch kurz *Quellprogramm*, das in den Maschinencode übersetzte Quellprogramm nennt man hingegen kurz *Objektprogramm*.

Liegt das Objektprogramm nach der Übersetzung vollständig vor, kann es, versehen mit den notwendigen Eingabedaten, ausgeführt werden. An den *Übersetzungslauf* schließt sich somit der *Rechenlauf* an[1]. Weiter ist zu vermerken, daß der Compiler noch eine Prüfung auf formale Richtigkeit der Anweisungen des Quellprogrammes vornimmt (sog. Syntaxprüfung). Die gefundenen Fehler werden in einem *Übersetzerprotokoll* festgehalten, damit sie korrigiert werden können. Nach jeder Korrektur muß eine neue Übersetzung des gesamten Programms erfolgen.

Den vollständigen Ablauf zeigt Bild 2.3:

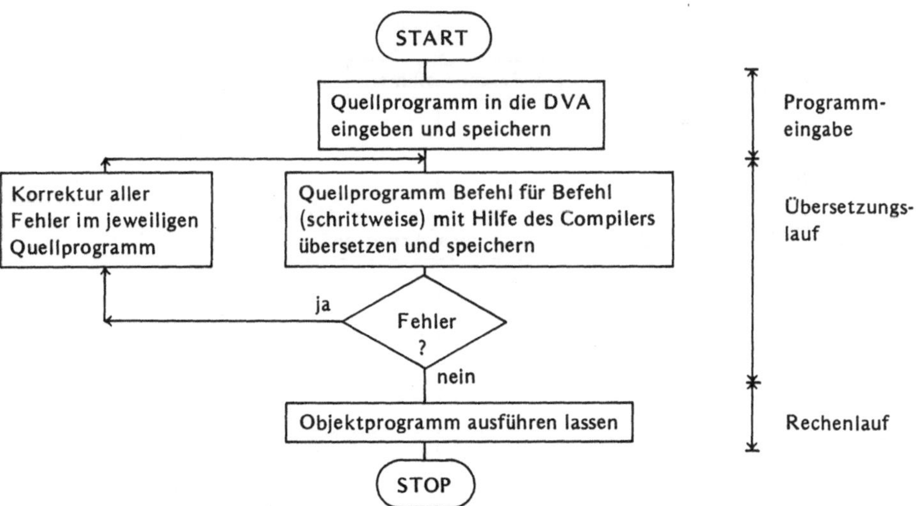

Bild 2.3 Übersetzung eines Quellprogrammes in ein Objektprogramm mit anschließender Ausführung

---

[1] Auf das ebenfalls notwendige „binden" im sog. „Binderlauf" soll hier nicht näher eingegangen werden.

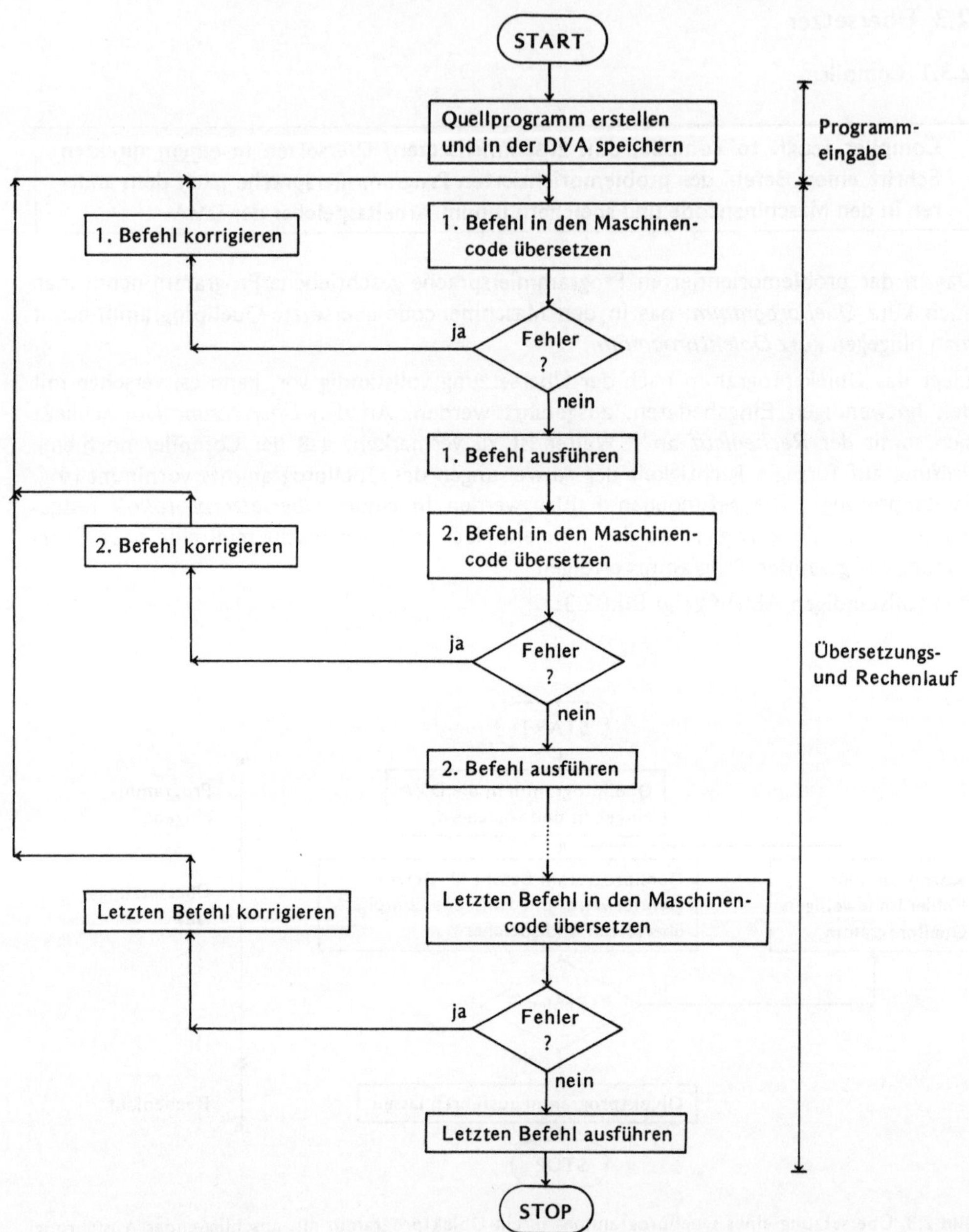

Bild 2.4 Übersetzung eines Quellprogrammes mit Hilfe eines Interpreters

2.3.2 Interpreter

> **Interpreter** (engl.: to interprete, d.h. interpretieren, auslegen) übersetzen nach dem Start des Anwenderquellprogramms jeweils einen Befehl in den Maschinencode. Anschließend wird der Befehl sofort ausgeführt, sofern er formal richtig ist. Ansonsten wird eine Fehlermeldung ausgegeben.
>
> Anschließend wird der nächste Befehl übersetzt und ausgeführt usw., bis das Ende des Quellprogrammes erreicht ist.

Das Objektprogramm wird somit nicht gespeichert.

In Bild 2.4 wird die Arbeitsweise eines Interpreters grafisch dargestellt.

2.3.3 Vor- und Nachteile von Interpreter und Compiler

- Nachteile von Interpretern gegenüber Compilern:

  Die Übersetzung eines Programmes mit Hilfe eines Compilers (Befehle analysieren und auf formale Fehler überprüfen) beansprucht ca. 90 % der gesamten Bearbeitungszeit eines Programmes, d.h. der eigentliche Rechenlauf benötigt nur ca. 10 % der gesamten Bearbeitungszeit. Da bei Interpretern das gesamte Programm nicht getrennt übersetzt und anschließend ausgeführt wird, ist die gesamte Ausführungszeit bei Einsatz von Interpretern stets wesentlich länger als bei einem schon übersetzten, d.h. im Maschinencode vorliegenden Programm, das nur noch ausgeführt werden muß (compiliertes Programm).

- Vorteil von Interpretern gegenüber Compilern

  Geht man davon aus, daß eine DVA eine bestimmte Arbeitsspeicherkapazität aufweist und daß das Compiler- bzw. Interpreterprogramm im Arbeitsspeicher etwa gleich umfangreich ist, so steht für Quellprogramme (Programme in einer problemorientierten Programmiersprache) bei einer Übersetzung mit Hilfe eines Interpreters mehr freier Speicherplatz zur Verfügung als bei der Übersetzung mit Hilfe eines Compilers, da bei einer Übersetzung mit Hilfe eines Compilers zusätzlich das Maschinencodeprogramm (Objektprogramm) gespeichert werden muß (vgl. Bild 2.5). Die Maschinencodeprogramme sind überdies umfangreicher als Quellprogramme, d.h. sie benötigen mehr Speicherkapazität.

Speicherbelegung bei
Einsatz eines Compilers

Compiler
Quellprogramm
Objektprogramm
freier Speicherplatz

Speicherbelegung bei
Einsatz eines Interpreters

Interpreter
Quellprogramm
freier Speicherplatz

Bild 2.5 Speicherbelegung bei Einsatz von Compilern bzw. Interpretern zur Übersetzung von Quellprogrammen

Der Einsatz von Interpretern eignet sich außerdem durch die schrittweise Ausführung der Befehle besonders gut für den *Dialogbetrieb* zwischen der DVA und dem Benutzer der DVA. Der Benutzer hat die Möglichkeit, über geeignete Eingaben jederzeit in den Ablauf des Programmes eingreifen sowie auf Anforderungen der DVA reagieren zu können.

Betrachtet man die in Abschnitt 2.2.3 angegebenen problemorienterten Programmiersprachen hinsichtlich ihrer Übersetzer, so kann man feststellen:

FORTRAN, ALGOL, COBOL und PL1 benutzen überwiegend Compiler zur Übersetzung,

APL und BASIC überwiegend Interpreter. Dies ist jedoch nicht zwingend. Es gibt z.B. auch BASIC-Compiler.

3 Allgemeiner Überblick über die Aufgaben von Betriebssystemen bei Mikrocomputern

3.1 Allgemeines

Nach den bisherigen Ausführungen stehen dem Benutzer (Anwender) eines Mikrocomputers die *Hardware* und gewisse *Anwenderprogramme* zur Verfügung. Falls diese Anwenderprogramme in einer problemorientierten Programmiersprache vorliegen, können *Übersetzerprogramme* eingesetzt werden, um das sog. *Quellprogramm* in der problemorientierten Programmiersprache in ein *Objektprogramm* (Maschinensprache) zu übersetzen.

Der Mikrocomputer verarbeitet nun die Daten mit Hilfe des vorgegebenen Programms und gibt die Ergebnisse (Ausgabedaten) aus.

Bei diesem Zusammenspiel ergeben sich eine Vielzahl von *organisatorischen Problemen:*

- Wie erkennt die Hardware, daß Programme und Daten eingegeben werden sollen?
- Wie erkennt die Hardware, von welchem Eingabegerät die Programme und Daten eingegeben werden sollen, falls mehrere Alternativen bestehen?
- Woraus entnimmt die Hardware, auf welchem Ausgabegerät Daten und Meldungen auszugeben sind (z.B. Bildschirm oder Drucker)?
- Wie entscheidet und merkt sich die Hardware, wo die Programme und Daten im Arbeitsspeicher gespeichert werden sollen (Arbeitsspeicheradressen)?
- Wie entscheidet und merkt sich die Hardware, wo die Programme und Daten auf externen Speichern abgespeichert werden sollen?
- Wie erkennt die Hardware, daß ein Programm zum Rechenlauf gestartet werden soll?

Diese Aufzählung von organisatorischen Fragen ließe sich noch um viele Fragen ergänzen.

All diese komplexen organisatorischen Probleme werden nicht nur von der Hardware des Mikrocomputers, z.B. vom Steuerwerk der DVA, gelöst. Da es für jedes dieser organisatorischen Probleme einen Lösungsalgorithmus gibt, lassen sich für diese Algorithmen auch Programme schreiben.

> Das Hilfsprogramm, das den komfortablen Betrieb zwischen der Hardware des Mikrocomputers, dem Anwenderprogramm und dem Benutzer organisiert, nennt man Betriebssystem (Organisationsprogramm, engl. Operating System, kurz OS).

Wenig komplexe Betriebssysteme nennt man vielfach auch *Monitor*. Der Monitor ermöglicht zumindest die wichtigsten Grundfunktionen, d.h. Programme und Daten in den Arbeitsspeicher einlesen (laden) und speichern.

3.2 Elementare Aufgaben

Betriebssysteme stellen ihre Leistung dem Anwender zur Verfügung, indem sie ihm viele Routineaufgaben abnehmen. *Elementare* Aufgaben für Betriebssysteme eines jeden Mikrocomputers sind:

- die Ablaufsteuerung
- die Ein-Ausgabesteuerung und
- die Speicherplatzverwaltung.

3.2.1 Ablaufsteuerung

Die Programmbearbeitung muß vom Anwender gezielt *eingeleitet* werden können. Nach *Beendigung* des Programms muß der Anfangszustand wieder eingenommen werden. Dies muß für den Anwender zu erkennen sein (Meldung).

Ein laufendes Programm muß vom Anwender vor Beendigung des Programms abgebrochen werden können. Dazu muß das Betriebssystem die Tastatur in gewissen Abständen nach einem Abbruchkommando abfragen.

> Die Ablaufsteuerung bildet die <u>organisatorische</u> Schnittstelle zwischen dem Benutzer des Mikrocomputers und dem Mikrocomputer selbst.

Über die Tastatur eingegebene Kommandos müssen interpretiert und ausgeführt bzw. zur Ausführung weitergeleitet werden. Die korrekte Ausführung muß erkannt und dies dem Benutzer mitgeteilt werden. Eingabefehler oder sonstige Fehler sollten ebenfalls erkannt und dem Benutzer gemeldet werden.

3.2.2 Ein- und Ausgabesteuerung

Ein- und Ausgabegeräte (E/A-Geräte) bieten die Daten oft in verschiedener Form (Codes) an (z.B. Daten von der Tastatur im ASCII-Code (vgl. Anhang A2), Daten vom Lochstreifen im Baudot-Code, Daten von der Lochkarte im Hollerith-Code). Dadurch ist es vielfach nötig, die Form der Daten der Ein- und Ausgabegeräte an die *interne* Form der Daten in der DVA anzupassen, d.h. umzucodieren.

Ein- und Ausgabegeräte liefern Daten außerdem z.T. *parallel*, z.T. *seriell*. Auch hier ist eine Anpassung nötig.

Weiterhin werden die Daten von den E/A-Geräten in unterschiedlichen Geschwindigkeiten geliefert bzw. benötigt. Daher ist eine *Geschwindigkeitsanpassung* erforderlich.

Bei manchen Daten können Übertragungsfehler erkannt und z.T. korrigiert werden.

Aufgaben der geschilderten Art übernimmt die Ein- und Ausgabesteuerung.

3.2.3 Speicherverwaltung

Programme und Daten müssen während der Bearbeitung im Arbeitsspeicher zur Verfügung stehen (vgl. Abschnitt 1.3).

> Um den Anwender von der Aufgabe zu entlasten, diese Adressen ausdrücklich anzugeben, wird die gesamte Verwaltung des Arbeitsspeichers vom Betriebssystem vorgenommen, d.h. das Betriebssystem legt die Programme in bestimmten Arbeitsspeicherbereichen ab und „merkt" sich die Adressen.

Zur Aufgabe gehört ebenfalls die Umcodierung der symbolischen Arbeitsspeicheradressen (Variablennamen) einer problemorientierten Programmiersprache in die in einer Maschinensprache notwendigen absoluten binär codierten Arbeitsspeicheradressen.

> **Werden externe Speicher eingesetzt, gilt entsprechendes auch für die Verwaltung der externen Speicher.**

Hierbei kann man sich vorstellen, daß die Verwaltung des Speicherplatzes auf einer Magnetbandkassette einfacher ist als die Verwaltung des Speicherplatzes auf einer Diskette. Während auf einer Magnetbandkassette Programme und Daten nur hintereinander (seriell) aufgezeichnet werden können, ist die Speicherung auf Disketten in beliebigen Sektoren auf beliebigen Spuren möglich (vgl. Abschnitt 1.7.2). Der Verwaltungsaufwand zur Speicherung von Daten auf Disketten wird daher größer sein als der zur Speicherung von Daten auf Magnetbandkassetten.

3.2.4 Zusammenarbeit zwischen Ablaufsteuerung, Ein- und Ausgabesteuerung und Speicherverwaltung

Die drei elementaren Aufgaben für Betriebssysteme stehen nicht beziehungslos zueinander, sondern stehen im allgemeinen in folgender Verbindung zueinander (vgl. Bild 3.1).

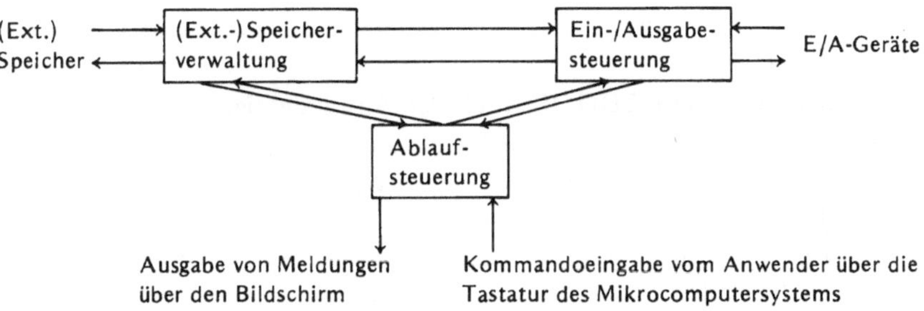

Bild 3.1 Elementare Grundstruktur eines Mikrocomputer-Betriebssystems

Wie Bild 3.1 zeigt, müssen vom Anwender zunächst *Kommandos* über die Tastatur eingegeben werden. Die Ablaufsteuerung untersucht diese auf formale Eingabefehler und gibt, falls erforderlich, eine Fehler*meldung* aus. Ist das Kommando korrekt, erfolgt dessen Bearbeitung. Ist dies z.B. vom Umfang der Aufgabe her nicht innerhalb der Ablaufsteuerung möglich, wird die Bearbeitung an die Ein-Ausgabesteuerung bzw. an die Speicherverwaltung weitergegeben.

Nach der Bearbeitung geben diese Meldungen ab, z.B. daß die Bearbeitung erfolgreich abgeschlossen wurde bzw. daß die Bearbeitung nicht ausgeführt werden konnte. Über die Ablaufsteuerung erfährt dies auch der Benutzer. Im Fehlerfall wird eine Fehlermeldung ausgegeben, die die Art des Fehlers genauer angibt.

Im Falle der externen Speicher wird nicht nur die externe Speicherplatzverwaltung von der Ablaufsteuerung angesprochen, sondern auch die Ein-Ausgabesteuerung, denn die externen Speicher stellen für den Mikrocomputer auch Ein-Ausgabegeräte dar.

3.2.5 Weitere Aufgaben von Betriebssystemen

Der Bedienungskomfort, den Mikrocomputersysteme heute bieten, hängt entscheidend von der Qualität des verwendeten Betriebssystems ab. Heute nehmen Betriebssysteme auch folgende Aufgaben wahr:

● Editieren von Programmen

Mit Hilfe eines EDITORs lassen sich Anwenderprogramme mehr oder weniger komfortabel über die Eingabetastatur

– erstellen und
– ändern (korrigieren).

Da die Erfahrung zeigt, daß neu erstellte, längere Programme stets eine Vielzahl von Fehlern enthalten, ist es wichtig, auf einfache Weise mit Hilfe sogenannter EDITOR-*Kommandos* Programme korrigieren zu können. Entsprechendes gilt, wenn man Programme erweitern und ergänzen möchte.

Prinzipiell unterscheidet man

– Bildschirm-Editoren (engl.: Screen-EDITOR) und
– Zeilen-Editoren (engl.: Line-EDITOR).

Bei einem Bildschirm-EDITOR fährt man mit Hilfe der Cursor-Tasten den Cursor an die zu ändernden Stellen und nimmt anschließend die Änderungen vor, während beim Zeilen-EDITOR die Zeilen- und teilweise auch die Spaltennummer der zu ändernden Stelle über die Eingabetastatur angegeben werden muß, um anschließend die Änderung vorzunehmen.

Das Arbeiten mit dem Bildschirm-EDITOR ist für den Anwender bequemer.

Vielfach treten auch Mischformen auf. Hier ist die zu ändernde Zeilennummer über die Eingabetastatur anzugeben, innerhalb der Zeile wird jedoch die zu ändernde Spalte mit dem Cursor gekennzeichnet.

Einzelheiten zum Editieren von Programmen beim Einsatz des Betriebssystems MS DOS werden in Kapitel 12 behandelt.

● Programmierhilfen

Vorteilhaft sind auch Programmierhilfen, die z.B. automatisch die in BASIC erforderlichen Anweisungsnummern erzeugen bzw. umnumerieren (Kommando AUTO und RENUM).

● Auskunft über den Systemzustand

Es ist vielfach hilfreich, wenn das Mikrocomputersystem über seinen aktuellen Systemzustand informiert, wie z.B. über

– die aktuelle freie Arbeitsspeicherkapazität,
– die aktuelle freie Externspeicherkapazität und
– die angeschlossenen externen Geräte.

● Programmlaufverfolgung

Zur Fehlerverfolgung in komplizierten Programmen ist es hilfreich, mit Hilfe besonderer Kommandos alle durchlaufenen Anweisungen eines Programmes auflisten lassen zu können, um so die Fehlerstelle besser lokalisieren zu können. Dies gilt insbesondere für stark verschachtelte Programmschleifen.

- Behandlung von Dateien

  Dateien auf externen Speichern sollen nicht nur hinsichtlich ihres Arbeitsspeicherplatzes verwaltet und wiedergefunden werden, sondern eventuell auch

  - verkettet
  - kopiert
  - umbenannt oder
  - gelöscht

  werden. Diese Aufgabe muß ein Betriebssystem ebenfalls leisten, indem es einfache Kommandos zur Verfügung stellt.

- HELP-Routinen

  Hilfsroutinen (engl. HELP-Routinen) *helfen* dem Anwender. Auf dessen Wunsch werden ihm über den Bildschirm Auskünfte gegeben, z.B. über die allgemeine Struktur von Betriebssystem-Kommandos bzw. über die allgemeine Struktur von BASIC-Anweisungen. Somit kann vielfach während der Arbeit mit dem Mikrocomputer das Nachblättern in Handbüchern entfallen, d.h. das Mikrocomputersystem informiert über sich selbst.

3.3 Betriebssystemkommandos

> **Um das Betriebssystem zu den verschiedensten Tätigkeiten gezielt zu veranlassen, bedient man sich der <u>Kommandosprache</u>.**

Die gewünschten *Kommandos* lassen sich mit Hilfe der Eingabeeinheit durch Drücken *spezieller Tasten* eingeben oder aber durch kurze *Kommandoworte*, d.h. durch Drücken einer Folge von Buchstaben-Tasten, die dem Kommando entspricht.

Beispiel 3.1
Durch Drücken der Taste RUN [1]) bzw. der Tastenfolge R, U und N mit anschließendem Drücken der RETURN-Taste ⏎ (vgl. Abschnitt 1.2), kann der Mikrocomputer veranlaßt werden, ein im Arbeitsspeicher gespeichertes Programm ablaufen zu lassen.

Für viele der heute angebotenen Mikrocomputer wird von Haus aus ein Betriebssystem mitgeliefert, das sich von dem anderer Hersteller unterscheidet. Vielfach ist es sogar so, daß bei einem Modellwechsel oder bei einer Erweiterung der Modellpalette schon bei einem Hersteller unterschiedliche Betriebssysteme verwendet werden.

Insgesamt führt dies dazu, daß einerseits

- für gleiche Betriebssystemfunktionen von der Schreibweise her unterschiedliche Kommandos angegeben werden müssen,
- bzw. manche Betriebssystemfunktionen fehlen bzw. zusätzlich vorhanden sind.

Der Anwender muß sich daher bei jedem Mikrocomputer neu in die Anwendung des jeweiligen Betriebssystems und seiner Kommandosprache einarbeiten.

---

[1]) Beim IBM PC ist direkt keine RUN-Taste vorhanden, indirekt jedoch z.B. über die Funktionstaste F2 bzw. Alt R.

3.4 Dialog zwischen Mikrocomputer und Mikrocomputerbenutzer

Während der gesamten Arbeit am Mikrocomputer führt der Benutzer eine Art Dialog mit dem Mikrocomputer (genauer: seinem Betriebssystem). Diesen Dialog soll die Abfolge der Schritte zeigen, die *in der Regel* aufeinander folgen, wenn ein Programmierer ein Programm von einem Mikrocomputer bearbeiten lassen will:

SCHRITT 1: *Einschaltung durch den Benutzer*
Der Benutzer schaltet den Mikrocomputer ein.

SCHRITT 2: *Bereitmeldung des Mikrocomputers (Systembereitschaftszeichen)*
Der Mikrocomputer meldet sich mit einer Anzeige auf dem Bildschirm, daß er zur Bearbeitung von Kommandos bereit ist (z.B. bei Benutzung eines Mikrocomputers mit dem Betriebssystem MS DOS durch Ausgabe des Systembereitschaftszeichens "A>", siehe Abschnitt 6.1 Punkt 5).

SCHRITT 3: *Eingabe des Programmes vom Benutzer*
Das Programm wird Anweisung für Anweisung vom Benutzer eingegeben. Damit der Mikrocomputer weiß, wann eine Anweisung zu Ende ist und wann eine neue Anweisung beginnt, muß im allgemeinen nach jeder Anweisung eine spezielle Taste betätigt werden. Beim IBM PC ist dies die Wagenrücklauftaste ⏎ . Damit wird die eingegebene Programmzeile im Arbeitsspeicher des Mikrocomputers gespeichert. Der Cursor geht zum Anfang der nächsten Programmzeile, die anschließend eingegeben werden kann. Jedes Programm muß mit Hilfe einer Programm-Ende-Anweisung abgeschlossen sein [1]. Mit Hilfe dieser Anweisung wird dem Mikrocomputer mitgeteilt, wann das Programm zu Ende ist und er die Programmbearbeitung einstellen kann.

SCHRITT 4: *Programmlauf (Rechenlauf) des Mikrocomputers*
Nachdem das Programm im Speicher des Mikrocomputers vorliegt, kann das Programm ausgeführt werden. Mit Hilfe eines RUN-Kommandos (vgl. Beispiel 3.1) gibt der Benutzer dem Mikrocomputer zu erkennen, daß das eingegebene Programm ausgeführt werden soll. Der Mikrocomputer bearbeitet nun einen Befehl nach dem anderen z.B. mit Hilfe des Interpreters, d.h. er übersetzt jeden einzelnen Befehl und führt ihn anschließend sofort aus (siehe Abschnitt 2.3.2).

Stellt der Mikrocomputer während der Übersetzung formale Fehler in der Programmzeile fest, so wird eine Fehlermeldung ausgegeben und der Programmlauf abgebrochen. Der Mikrocomputer meldet sich anschließend mit dem Systembereitschaftszeichen (vgl. Schritt 2), d.h. er wartet auf neue Kommandos, z.B. zur Korrektur der Programmzeile.

Nach Abschluß der Korrektur muß der Rechenlauf mit Hilfe des RUN-Kommandos erneut gestartet werden.

---

[1] Bei einigen BASIC-Versionen kann die Programmendeanweisung entfallen.

SCHRITT 5:   *Eingabe der Daten vom Benutzer*
Wenn der Mikrocomputer eine Eingabe-Anweisung für Daten (INPUT-Anweisung) während des Rechenlaufes bearbeitet, gibt er auf dem Bildschirm ein Fragezeichen (?) aus. Der Mikrocomputer erwartet nun, daß der Benutzer die erforderlichen Daten, z.B. durch Kommas getrennt, über die Tastatur eingibt. Sind alle Daten eingegeben, wird die RETURN-Taste ⏎ gedrückt. Damit ist der Eingabevorgang beendet. Der Mikrocomputer verarbeitet anschließend diese Werte programmgemäß.

SCHRITT 6:   *Ausgabe der Ergebnisse durch den Mikrocomputer*
Wenn der Mikrocomputer eine Ausgabeanweisung für Daten (PRINT-Anweisung) bearbeitet, werden die Ergebnisse der Programmbearbeitung von dem Mikrocomputer auf dem Bildschirm, Drucker o.ä. ausgegeben.

SCHRITT 7:   *Warten des Mikrocomputers auf neue Aufgaben*
Nach der Bearbeitung des Programms teilt der Mikrocomputer dem Benutzer z.B. durch das Systembereitschafzeichen A> o.ä. mit, daß er das Problem für gelöst hält und auf neue Aufgaben wartet.

Soll nun das gleiche Programm noch einmal mit anderen Daten bearbeitet werden, so wiederholen sich die Schritte 4 bis 7.

Soll ein neues Programm eingegeben werden, so wird das alte Programm im Arbeitsspeicher gelöscht (Kommando NEW) und es wiederholen sich die Schritte 2 bis 7.

3.5 Speicherung von Betriebssystemen

Kleinere Betriebssysteme werden vielfach im Maschinencode oder der zugehörigen Assemblersprache geschrieben. Sie werden in *Festwertspeichern* (ROM) abgelegt. Somit ist die Software hardwaremäßig festgelegt. Diese Form, die zwischen Hard- und Software liegt, nennt man auch *Firmware*. Diese Art der Speicherung ist vergleichsweise einfach und damit billig. Würde man eine andere dauerhafte Speicherung, z.B. auf einer Diskette vorsehen, so wäre dies bei billigen Mikrocomputern aufwendiger, denn die Diskettenlaufwerke benötigen für ihren eigenen Betrieb schon ein aufwendiges Betriebssystem. Dies lohnt sich aber erst ab einer höheren Ausbaustufe eines Mikrocomputersystems, da dann umfangreichere Betriebssysteme sinnvoll werden.

Wenn jedoch sowieso Diskettenlaufwerke zur externen Speicherung von Daten und Programmen benutzt werden, wird i.a. auch der BASIC-Interpreter sowie das Diskettenbetriebssystem auf einer Diskette gespeichert. Der BASIC-Interpreter bzw. das Betriebssystem muß dann vor dem Arbeiten mit dem Mikrocomputer in den Arbeitsspeicher des Mikrocomputers geladen werden. Dies hat u.a. den Vorteil, daß schnell auf Änderungen der BASIC-Versionen bzw. Betriebssysteme reagiert werden kann.

Die jeweiligen BASIC-Interpreter-Versionen enthalten neben BASIC-Anweisungen auch eine Vielzahl von *BASIC*-Betriebssystem-Kommandos, wie z.B.:

— LIST[1])
— RUN
— CONT
— TRON
— TROFF
— AUTO
— RENUM
— NEW

Vielfach enthalten die BASIC-Interpreter-Versionen auch einfache Kommandos, die die Möglichkeit bieten, Programme und Daten auf externen Speichern zu speichern bzw. abzurufen, wie z.B. die Kommandos:

— LOAD und
— SAVE[1])

Diese Möglichkeiten sind im Rahmen von BASIC jedoch sehr beschränkt. Dagegen bietet das Betriebssystem MS-DOS eine Vielzahl von Möglichkeiten, den Betrieb mit Disketten-laufwerken zu organisieren. Dies ist das eigentliche Thema dieses Buches.

---

[1]) Da es sich um BASIC-Betriebskommandos handelt, wird im Rahmen dieses Buches nicht darauf eingegangen.

4 Grundlage des MS-DOS-Betriebssystems

MS-DOS ist eine Kurzschreibweise für "Microsoft Disk Operating System"

Microsoft ist ein führender Softwarehersteller in den USA. Er entwickelte speziell für den IBM PC, der hier auch immer als Beispiel herangezogen wird, ein Disk Operating System, kurz DOS, d.h. ein Diskettenbetriebssystem. Der Name weist darauf hin, daß dieses Betriebssystem die Arbeit mit Diskettenlaufwerken unterstützt. Es ist selbst dauerhaft auf einer Diskette gespeichert. Sie wird daher *MS-DOS-Systemdiskette* genannt.

Da viele andere Mikrocomputerhersteller IBM PC kompatible Rechner herstellten, entwickelte sich das MS DOS zum „Quasi-Standard" für 16 bit Mikroprozessorsysteme (der IBM PC verwendet den Mikroprozessor Intel 8088 mit einer internen 16 bit-Struktur).

Das MS-DOS-Betriebssystem kann 1 mbyte Arbeitsspeicherkapazität verwalten.

4.1 Hardwareausrüstung

MS DOS ist ein Betriebssystem für nur einen einzigen Benutzer eines Mikrocomputersystems (Einbenutzersystem).

Das MS-DOS-Betriebssystem bedient somit nur ein Terminal (Eingabetastatur, Bildschirm).

Daher sind als Hardware-Mindestausstattung erforderlich:
- **eine Eingabetastatur,**
- **ein Bildschirmsichtgerät,**
- **ein Mikrocomputer mit einer Arbeitsspeicherkapazität von mindestens 32 Kbyte, da Teile des Betriebssystems während der Arbeit dauerhaft im Arbeitsspeicher abgelegt werden,**
- **mindestens ein (besser zwei) Diskettenlaufwerke.**

Ein Drucker ist wünschenswert, um Ausgaben, die auf dem Sichtgerät erscheinen, auch dauerhaft auf Papier sichtbar zu machen.

4.2 Softwareausrüstung

Zur notwendigen Softwareausstattung gehört eine MS-DOS-Betriebssystemdiskette, kurz Systemdiskette genannt.

Auf ihr ist das MS-DOS-Betriebssystem dauerhaft gespeichert. Außerdem befinden sich auf der Systemdiskette weitere für den Anwender wichtige Programme, wie z.B. der BASIC-Interpreter.

Das MS-DOS-Betriebssystem ist ein spezielles Programmpaket zur Lösung von Aufgaben, die beim Arbeiten mit Mikrocomputersystemen regelmäßig auftreten. Es erleichtert dem Benutzer die Handhabung des Mikrocomputersystems.

Das MS-DOS-Betriebssystem hat u.a. folgende Aufgaben:

- **Es fragt ständig die Eingabetastatur nach** <u>**Systemkommandos**</u> **ab (Systemkommandos sind Kommandos, die das MS-DOS-Betriebssystem erkennen und ausführen kann).**
- **Es unterstützt die Anwenderprogrammentwicklung.**
- **Es sorgt für die Speicherplatzverwaltung im Arbeitsspeicher und auf den Disketten (Dateiverwaltung** [1]**).**
- **Es verwaltet weitere Peripheriegeräte.**

4.3 Die allgemeine Struktur des MS-DOS-Betriebssystems

Das MS-DOS-Betriebssystem ist ein Programmpaket, d.h. es setzt sich aus einer Vielzahl von Programmteilen zusammen. Man kann es in folgende vier Programmpakete unterteilen, die gleichzeitig die Aufgaben und die Struktur des MS-DOS-Betriebssystems verdeutlichen.

Diese vier übergeordneten Aufgabenbereiche sind:

- **BOOT**
  Der Programmteil BOOT, der <u>**automatisch**</u> **beim Starten von MS-DOS von der Systemdiskette in den Arbeitsspeicher geladen wird, ist für das Laden der anderen arbeitsspeicherresidenten MS-DOS-Bestandteile verantwortlich.**

Der Programmteil stellt somit ein sog. *Urladeprogramm* dar (engl. bootstraploader, hier kurz BOOT genannt) und steht dementsprechend am Anfang einer jeden formatierten Diskette, d.h. im 1. und 2. Sektor der Spur ∅ (vgl. Abschnitt 7.2). Auf das notwendige Formatieren von fabrikneuen Disketten wird in Kapitel 7 ausführlich eingegangen.

- **COMMAND.COM**
  Der Programmteil COMMAND.COM dient zur Ausführung und Kontrolle der von der Konsole (Eingabetastatur) eingegebenen MS-DOS-Kommandos (engl.: command).

Dieser Programmteil ist in Form einer entsprechend benannten Datei auf der Systemdiskette vorhanden. Somit ist sie auch für den Anwender erreichbar und veränderbar.

---

[1] Näheres zum Begriff Datei finden Sie im Anhang A1.

> ● **IBM DOS.COM**
> **Der Programmteil IBM DOS.COM wird im wesentlichen zur Verwaltung von Dateien eingesetzt**[1])**.**

DOS ist eine Abkürzung für engl.: <u>D</u>isk <u>O</u>perating <u>S</u>ystem, d.h. Diskettenbetriebssystem.

Der Vorsatz IBM deutet darauf hin, daß dieses Betriebssystem ursprünglich für den IBM PC entwickelt wurde. Die Abkürzung COM deutet darauf hin, daß es sich um eine Datei handelt, die ein sofort ausführbares Programm enthält und somit nicht mehr übersetzt werden muß.

Der Programmteil IBM DOS.COM ist ebenfalls in Form einer Datei auf der Systemdiskette vorhanden, allerdings als sog. *versteckte* Datei (engl.: hidden file). Dies bedeutet, daß beim Auflisten eines Dateiinhaltsverzeichnisses einer Diskette diese Datei nicht angegeben wird. Somit hat der Anwender auch nicht ohne weiteres Zugriff auf diese Datei.

Das IBM DOS.COM kann schon beim Formatieren von der Systemdiskette auf die Anwenderdiskette übertragen werden oder auch später durch ein entsprechendes MS-DOS-Kommando (SYS, vgl. Kapitel 15).

> ● **IBM BIO.COM**
> **Der Programmteil IBM BIO.COM dient im wesentlichen zur Verwaltung der Ein-Ausgabegeräte und der Anpassung dieser Geräte an den Mikrocomputer.**

BIO ist eine Abkürzung für engl.: <u>B</u>asic <u>I</u>nput <u>O</u>utput System, d.h. grundlegendes Ein-Ausgabesystem.

Für die Abkürzung IBM und COM gilt das gleiche, was dazu zum Programmteil IBM DOS.COM gesagt wurde.

Auch diese Datei ist eine *versteckte* Datei.

Sie kann auch wie die Datei IBM DOS.COM beim Formatieren von der Systemdiskette, aber auch später durch ein entsprechendes MS-DOS-Kommando (SYS), auf die Anwenderdiskette übertragen werden.

Die letzten drei elementaren Programmteile des MS-DOS-Betriebssystems wirken wie folgt zusammen (vgl. Bild 4.1).

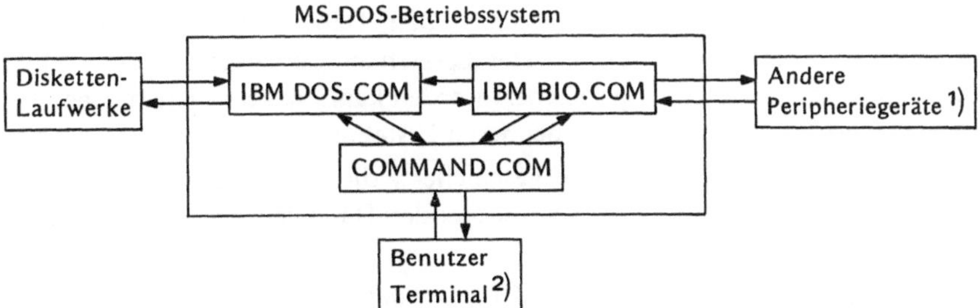

Bild 4.1 Zusammenwirken der elementaren MS-DOS-Betriebssystembestandteile COMMAND.COM, IBM DOS.COM und IBM BIO.COM

---

1) Andere Peripheriegeräte sind z.B.: der Drucker, Lochkartenleser o.ä.
2) Eingabetastatur und Bildschirmsichtgerät.

Der Programmteil *COMMAND.COM* kommuniziert als einziger Bestandteil des MS-DOS-Betriebssystems *direkt.* mit dem Anwender des Mikrocomputersystems.

- Er nimmt die MS-DOS-Kommandos, die der Benutzer über die Tastatur eingibt, entgegen und gibt sie, falls nötig, zur Kommandoausführung weiter an das IBM DOS.COM bzw. IBM BIO.COM.
- COMMAND.COM kontrolliert die korrekte Ausführung der MS-DOS Kommandos.
- COMMAND.COM gibt dem Benutzer Meldung über die korrekte Ausführung und Beendigung des MS-DOS-Kommandos bzw. über eventuelle Fehler.

COMMAND.COM kann somit als übergeordneter Bestandteil gegenüber IBM DOS.COM und IBM BIO.COM gelten, denn beide werden vom Programmteil COMMAND.COM mit Aufgaben versorgt und von diesem kontrolliert.

Der Programmteil *IBM DOS.COM* dient zur Dateiverwaltung auf Disketten, d.h. zur Verwaltung der verfügbaren Speicherkapazität auf Disketten.

Der Programmteil *IBM BIO.COM* dient zur Verwaltung der Ein-Ausgabegeräte und führt die eigentliche Datenübertragung vom Arbeitsspeicher zu den Peripheriegeräten und umgekehrt in richtiger Form aus, überprüft die Fehlerfreiheit der Datenübertragung usw.

Auch die Diskettenlaufwerke gehören zu den Peripheriegeräten, so daß bei ihrer Benutzung sowohl das IBM BIO.COM als auch das IBM DOS.COM angesprochen wird. Für andere Periphiergeräte, wie z.B. Drucker o.ä. ist jedoch ausschließlich das IBM BIO.COM zuständig.

Bevor auf die für den Benutzer eigentlich interessanten MS-DOS-Kommandos eingegangen wird, müssen noch zwei wichtige Schritte besprochen werden, die vor dem Einsatz des MS-DOS-Betriebssystems erforderlich sind.

Schritt 1:

Mit Hilfe der original MS-DOS-Systemdiskette muß zunächst eine *landesspezifische MS-DOS-Systemdiskette* erzeugt werden. Sie nimmt z.B. Rücksicht auf die unterschiedliche Belegung der Tasten mit Zeichen in den verschiedenen Ländern (vgl. Abschnitt 1.2).

Schritt 2:

Damit das MS-DOS-Betriebssystem mit Anwenderdisketten problemlos zusammenarbeiten und die darauf befindlichen Dateien verwalten kann, müssen die fabrikneuen Anwenderdisketten *vor* der ersten Benutzung *formatiert* werden. Dabei werden die Spuren in entsprechende Sektoren aufgeteilt, sowie ein Systembereich auf der Diskette eingerichtet, in dem z.B. das Dateiinhaltsverzeichnis gespeichert werden kann, das die Dateinamen, die Größe der Dateien sowie Datum und Uhrzeit bei deren Erstellung bzw. Änderung enthält.

Außerdem wird eine Dateizuordnungstabelle gespeichert, die die Reihenfolge von den Sektoren enthält, die zu einer logisch zusammengehörenden Datei gehören (vgl. Kapitel 7, speziell Abschnitt 7.2).

Dieses Vorbereiten fabrikneuer Disketten auf die Zusammenarbeit mit dem Betriebssystem MS DOS übernimmt das Programmpaket FORMAT, das auf der landesspezifischen Systemdiskette vorhanden ist. Außerdem wird, wie schon gesagt wurde, beim Formatierungsvorgang automatisch der Programmteil BOOT übertragen und auf Wunsch auch die Programmteile IBM DOS.COM sowie IBM BIO.COM.

Erst wenn die beiden aufgeführten vorbereitenden Schritte erledigt sind, kann der Anwender sinnvoll mit dem MS-DOS-Betriebssystem arbeiten. Daher sollen zunächst diese beiden Schritte besprochen werden.

4.4 Zusammenfassung

MS-DOS ist eine Kurzschreibweise für "Microsoft Disk Operating System", d.h. „Diskettenbetriebssystem von der Firma Microsoft".

Es ist ein Betriebssystem für nur einen einzigen Benutzer (Einbenutzersystem, Einplatzsystem) mit folgenden Mindestanforderungen an die Hardware:

- Eingabetastatur,
- Bildschirmsichtgerät,
- Mikrocomputer mit einer Arbeitsspeicherkapazität von mindestens 32 Kbyte,
- mindestens ein Diskettenlaufwerk.

Zur notwendigen Softwareausstattung gehört nur eine MS-DOS-Betriebssystemdiskette.

Das MS-DOS-Betriebssystem ist ein Programmpaket. Die vier elementaren Bestandteile dieses Programmpaketes sind:

- BOOT
  Dieser Programmteil ist nach dem Starten von MS-DOS für das automatische Laden der anderen arbeitsspeicherresidenten MS-DOS-Bestandteile von der Systemdiskette in den Arbeitsspeicher verantwortlich.

- COMMAND.COM
  Dieser Programmteil dient zur Ausführung und Kontrolle der eingegebenen MS-DOS-Kommandos.

- IBM DOS.COM
  Dieser Programmteil dient zur Dateiverwaltung auf den Disketten (Verwaltung des Speicherplatzes).

- IBM BIO.COM
  Dieser Programmteil dient zur Verwaltung der Ein-Ausgabegeräte.

Die letzten drei elementaren Programmteile des MS-DOS-Betriebssystems wirken wie folgt zusammen:

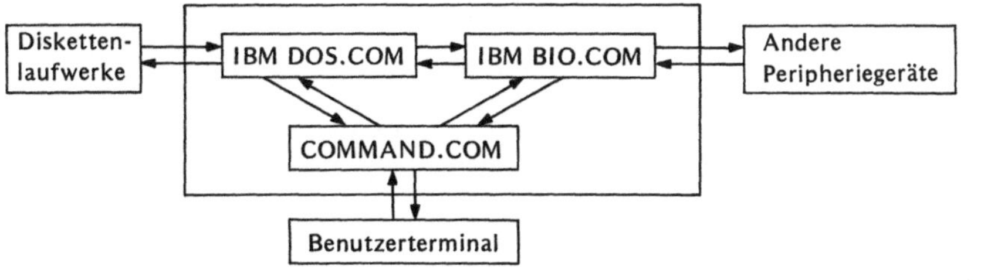

4.5 Übungsaufgaben

Die Lösungen der Übungsaufgaben befinden sich in Kapitel 26.

Aufgabe 4.1

Ist das MS-DOS-Betriebssystem

a) ein Hardware-System?
b) ein Software-System?
c) ein Firmware-System?

Aufgabe 4.2

Was versteht man unter

a) BOOT
b) COMMAND.COM
c) IBM DOS.COM
d) IBM BIO.COM

5 Erstellen einer landesspezifischen Systemdiskette

Viele Länder haben ihre eigenen Sonderzeichen. So besitzt die deutsche Sprache z.B. die Sonderzeichen ä, ö, ü usw., die französische Sprache z.B. die Sonderzeichen é, è, ê usw.

Diese Sonderzeichen sind auf den landesüblichen Schreibmaschinentastaturen an festgelegten Positionen vorhanden. In Deutschland gilt die sog. DIN-Tastatur (DIN ist eine Abkürzung für Deutsche Industrie-Norm).

Möchte man mit der gewohnten DIN-Tastatur arbeiten, so ist mit Hilfe der Original MS-DOS-Diskette eine landesspezifische MS-DOS-Systemdiskette zu erstellen, die bei der weiteren Arbeit benutzt wird.

5.1 Vorbereitende Arbeiten zum Erstellen der landesspezifischen Systemdiskette

1. Das Mikrocomputersystem muß ausgeschaltet sein.
2. Ist nur ein Laufwerk vorhanden, wird die Original MS-DOS-Diskette in dieses Laufwerk eingelegt.

   Sind zwei Laufwerke vorhanden, wird die Original MS-DOS-Diskette in das sog. *Systemlaufwerk* A eingelegt.

   Die vorhandenen zwei Laufwerke werden mit Hilfe der Buchstaben A und B unterschieden. Ein Beispiel gibt der IBM PC (vgl. Bild 5.1). Man nennt die Laufwerke entsprechend Laufwerk A bzw. Laufwerk B.

Bild 5.1
Frontansicht des IBM PC mit der Lage
beider Diskettenlaufwerke

3. Die Original MS-DOS-Diskette wird wie folgt in den Schlitz des Laufwerkes A eingelegt (vgl. Bild 5.2).

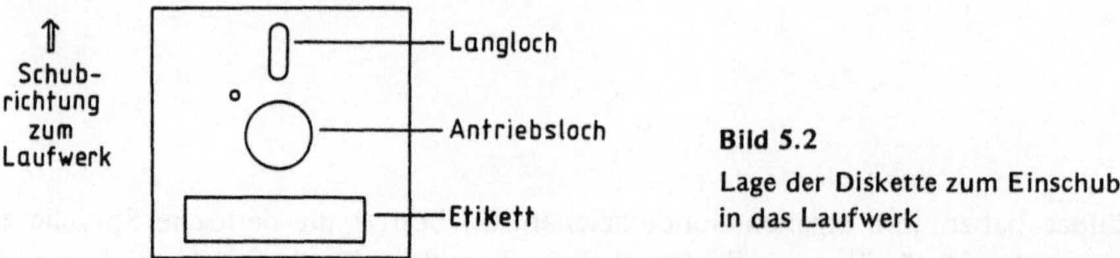

Bild 5.2

Lage der Diskette zum Einschub in das Laufwerk

4. Anschließend wird die Verriegelung des Laufwerkes durch Druck nach unten geschlossen.

5. Die Zentraleinheit wird eingeschaltet. Dazu wird der Netzschalter der Zentraleinheit auf „ON" gelegt.

Anschließend wird man schrittweise von der Bildschirmausgabe geführt, d.h. der Benutzer wird über den Bildschirm aufgefordert, ganz bestimmte Tätigkeiten auszuüben. Folgt er diesen Aufforderungen, erhält er eine landesspezifische Systemdiskette. Dieser Bildschirmtext ist allerdings englisch. Daher sollen die einzelnen Schritte nacheinander erläutert werden.

5.2 Schrittweises Erstellen der landesspezifischen Systemdiskette

Für das Erstellen der landesspezifischen Systemdiskette mit *zwei* Laufwerken gilt folgender Ablauf:

Bildschirmausgabe	Erläuterung (freie Übersetzung)
A > REM TO CREATE YOUR NATIONAL COPY OF A > REM DOS, FOLLOW THESE FIVE STEPS:	Um Ihre nationale Kopie von DOS zu erzeugen, folgen Sie diesen 5 Schritten:
A > REM STEP 1 A > REM Get a BLANK diskette for the copy A > REM Leave DOS Master in drive A: A > DISKCOPY A:B: Insert source diskette in drive A: Insert target diskette in drive B: Strike any Key when ready	**Schritt 1** Nehmen Sie eine leere Diskette für die Kopie (nicht schreibgeschützt! vgl. Abschnitt 1.7.2). Lassen Sie die DOS-Systemdiskette in Laufwerk A. Falls sie entnommen wurde, ist sie wieder einzulegen. Legen Sie die leere Diskette in Laufwerk B (engl.: target diskette, d.h. Zieldiskette). Drücken Sie eine beliebige Taste, wenn Sie damit fertig sind.
Copying 1 side(s)	Nach dem Drücken einer beliebigen Taste beginnt der Kopiervorgang. Dies wird äußerlich sichtbar durch das Aufleuchten der roten Laufwerkskontrollampen und der nebenstehenden Bildschirmausgabe.
Formatting while copying	Wenn die leere Diskette noch nicht formatiert war, wird sie während des Kopierens formatiert (vgl. Abschnitt 1.7.2 und Kapitel 6). Dies wird ebenfalls auf dem Bildschirm ausgegeben (s. nebenstehende Bildschirmausgabe). Falls die leere Diskette bereits formatiert war, entfällt diese Bildschirmausgabe.
Copy complete Copy another (Y/N)?	Wenn der Kopiervorgang abgeschlossen ist, wird dies in der nebenstehenden Form angezeigt. Wenn nur *eine* Kopie erstellt werden soll, wird anschließend die Taste N für engl. No, d.h. nein, gedrückt. Im anderen Falle müßte man die Taste Y für engl. Yes, d.h. ja, drücken.

```A>REM STEP 2.```
 	
```A>REM New copy will now be compared```
 	
```A>REM with DOS Master diskette:```
 	
```A>DISKCOMP A: B:```
 	
```Insert first diskette in drive A:```
 	
```Insert second diskette in drive B:```
 	
```Strike any key when ready```
	Nach dem 1. Schritt erscheint die nebenstehende Anzeige zum
	Schritt 2
	Im 2. Schritt wird die erstellte Kopie mit der MS-DOS-Originaldiskette verglichen. Die Disketten bleiben dazu in den Laufwerken. Zum Starten des Vergleichsvorgangs ist eine beliebige Taste zu drücken.

```Comparing 1 side(s)```	Der Inhalt der beiden Disketten wird verglichen. Dies zeigt die nebenstehende Bildschirmausgabe an.
```Diskettes compare ok```	Wenn der Vergleich beendet ist und kein Fehler gefunden wurde, wird der nebenstehende Text auf dem Bildschirm ausgegeben.
```Compare more diskettes (Y/N)?```	Wenn nur eine Kopie erstellt wurde, muß nur einmal verglichen werden. In diesem Falle wird anschließend die Taste N gedrückt. Sonst müßte die Taste Y gedrückt werden.

```A>REM STEP 3.```
 	
```A>REM If compare found any errors, then```
 	
```A>REM   a. Be sure master DOS diskette```
 	
```A>REM   is in drive A:,```
 	
```A>REM   b. Have a different blank```
 	
```A>REM   diskette ready,```
 	
```A>REM   c. Press and hold ALT, CTRL,```
 	
```A>REM   then press DEL.```
 	
```A>REM Otherwise, if new disk```
```A>REM compared OK, then continue.```
```A>PAUSE```
```Strike a key when ready . . .```
	Daraufhin erscheint die nebenstehende Bildschirmausgabe zum
	Schritt 3
	Falls sich beim Vergleichen der Disketten (Schritt 2) *nicht* der Ausdruck
	
	> Diskettes compare OK
	
	ergibt, ist das Kopieren nicht geglückt. In diesem Fall muß man sich vergewissern,
	• ob die DOS-Diskette richtig in Laufwerk A liegt und
	• eine neue leere Diskette in Laufwerk B liegt.
	• Ist dies der Fall, muß man die Tasten Ctrl und Alt gleichzeitig drücken und anschließend die Taste Del betätigen (Warmstart vgl. Abschnitt 6.2).
	
	Dadurch wird der gesamte Vorgang ab Schritt 1 wiederholt. Falls der Vergleich wieder zu unterschiedlichen Ergebnissen führt, liegt vermutlich kein Übertragungsfehler vor, sondern ein Hardwarefehler, der beseitigt werden muß. Falls jedoch im zweiten Anlauf der Vergleich mit OK bestätigt wurde, muß nur eine beliebige Taste gedrückt werden, um zum nächsten Schritt zu gelangen.

```
A>REM STEP 4.

A>REM Safely store the DOS Master

A>REM  diskette, then be sure that the

A>REM  new National copy is in drive A:

A>PAUSE
Strike a key when ready . . .
```

Schritt 4

Der nebenstehende englische Text gibt an, daß die MS-DOS-Original-diskette aus Laufwerk A zu entfernen ist und sorgfältig aufbewahrt werden soll.

Die landesspezifische Kopie wird aus Laufwerk B entnommen und in Laufwerk A eingelegt.

Wenn dies geschehen ist, soll wieder eine beliebige Taste gedrückt werden.

```
A>REM STEP 5.
A>REM Next you will identify a language

A>REM  for your National copy of DOS.

A>REM Afterwards, WAIT for the system

A>REM  to restart automatically.

A>PAUSE
Strike a key when ready . . .
A>BASIC KBDOS

1 = USA  2 = Francais  3 = Deutsch  4 = Italiana  5 = Espanol
6 = Englisch  Ø Exit
```

Schritt 5

Im nebenstehenden Text wird der Benutzer informiert, daß einige Sprachen auf dem Bildschirm ausgegeben werden.

Je nach Landessprache ist anschließend die der gewünschten Sprache zugeordnete Ziffer einzugeben, hier z.B. die 3 für Deutsch.

Prüfen: Ist die deutsche DOS-Diskette in Laufwerk A? Um fortzufahren, eine beliebige Taste betätigen.

Wird diese Zahl eingegeben, erscheint der nebenstehende Text.

```
A > Keybgr
A > wt dat im
Gegenwärtiges Datum (TT-MM-JJ): Ø1-Ø1-1980
Neues Datum eingeben
```

Wird anschließend eine beliebige Taste betätigt, wird die *landesspezifishe* Diskette erzeugt.

Dieser Vorgang benötigt etwas Zeit. Es ist zu warten bis

- ein kurzer Ton zu hören ist und
- die nebenstehende Ausgabe auf dem Bildschirm erscheint.

Schritt 6

Die Eingabe des neuen Datums hält den Termin fest, an dem die landesspezifische Systemdiskette erstellt wurde.

TT-MM-JJ

gibt dabei das für das Datum einzugebende Format an, wobei

T für Tag,

M für Monat und

J für Jahr

steht. Zwei Ziffern sind jeweils einzugeben.

Beispiel einer Eingabe:

15-Ø1-84

Der benötigte Bindestrich ist auf der Eingabetastatur gleichzeitig das Minus-Zeichen. Die Eingabe des Datums ist mit [↵] abzuschließen.

Falschangaben werden abgewiesen. Es wird zur Neueingabe aufgefordert.

Schritt 7

Gegenwärtige Zeit: ØØ:Ø1:40
Uhrzeit eingeben

Nach der richtigen Eingabe des Datums wird zur Eingabe der Uhrzeit aufgefordert.

HH:MM:SS [↵]

gibt das allgemeine Format an. Dabei gibt

H die Stunden

M die Minuten und

S die Sekunden an.

Beispiel einer Eingabe

18:Ø9:37

Falscheingaben werden abgewiesen. Es wird zur Neueingabe aufgefordert.

A >

DOS-Systemanzeige

Nach Eingabe von Datum und Uhrzeit meldet sich das MS-DOS-Betriebssystem mit der nebenstehenden Anzeige.

A >

ist die *MS-DOS-Bereitschaftsmeldung*. Das MS-DOS-Betriebssystem ist nach Ausgabe dieses Bereitschaftszeichens bereit, MS-DOS-Kommandos aufzunehmen und auszuführen.

> Das DOS-Bereitschaftszeichen fordert somit zur DOS-Kommandoeingabe auf.

Der Buchstabe A gibt außerdem an, daß das Diskettenlaufwerk A eingeschaltet und somit aktiv ist. Das Diskettenlaufwerk A wird somit standardmäßig von DOS aktiv geschaltet. Soll ein anderes Laufwerk aktiviert werden, muß anschließend auf dieses Laufwerk umgeschaltet werden. Darauf wird später eingegangen (siehe Abschnitt 8.6).

Entnehmen Sie nun die landesspezifische Systemdiskette dem Laufwerk A. Kennzeichnen Sie diese Diskette mit einem Aufkleber mit dem Text:

Deutsche MS-DOS-Diskette.

Überkleben Sie anschließend die Schreibschutzkerbe, damit die Diskette nicht versehentlich während des späteren Betriebes durch andere Daten überschrieben und dadurch unbrauchbar wird.

Es ist zu empfehlen, auch von der landesspezifischen Systemdiskette sobald wie möglich eine Sicherheitskopie zu erstellen.

> **Mit der landesspezifischen MS-DOS-Diskette wird in der Folgezeit gearbeitet.**

Das System sollte nun ausgeschaltet werden, um den normalen Systemstart demonstrieren zu können (vgl. Kapitel 6).

5.3 Zusammenfassung

> Möchte man mit der gewohnten DIN-Tastatur arbeiten, so ist mit Hilfe der Original MS-DOS-Diskette eine landesspezifische MS-DOS-Systemdiskette zu erstellen, die bei der weiteren Arbeit benutzt wird.

5.4 Übungsaufgaben

Die Lösungen der Übungsaufgaben befinden sich in Kapitel 26.

Aufgabe 5.1
In welches Laufwerk wird zur Erzeugung der landesspezifischen MS-DOS-Systemdiskette die Original MS-DOS-Diskette eingelegt, wenn zwei Laufwerke vorhanden sind?

Aufgabe 5.2
Muß die leere, fabrikneue Diskette, die das landesspezifische MS-DOS-System aufnehmen soll, vorher formatiert werden?

Aufgabe 5.3
Wie gibt das MS-DOS-Betriebssystem dem Benutzer zu erkennen, daß es bereit ist, MS-DOS-Kommandos entgegenzunehmen?

6 Starten des landesspezifischen MS-DOS-Betriebssystems

6.1 Kaltstart

Unter einem Kaltstart (engl.: cold start, cold boot, bootstrap operation) versteht man das Starten des MS-DOS-Betriebssystems vom niedrigsten Systemzustand, d.h. vom noch nicht eingeschalteten, quasi „kalten" Mikrocomputer. Dies bringt auch der engl. Ausdruck "bootstrap" (sich selbst an den Haaren hochziehen) zum Ausdruck, denn mit dem Programmteil BOOT (vgl. Abschnitt 4.3) wird das eigentliche MS-DOS-Betriebssystem von der Systemdiskette geladen. Anschließend startet sich das MS-DOS-Betriebssystem selbst.

Die Vorgehensweise für den Kaltstart ist einfach, wie die folgenden fünf Schritte zeigen.

> 1. Zunächst wird die landesspezifische MS-DOS-Betriebssystemdiskette in das Laufwerk A des ausgeschalteten Mikrocomputers gelegt.

Für das Einlegen von Disketten in Diskettenlaufwerke schauen Sie sich im Zweifelsfall noch einmal die Abschnitte 1.7.2 und 5.1 an.

Ist die Schreibschutzkerbe nicht überklebt, können von der landesspezifischen MS-DOS-Betriebssystemdiskette nicht nur Daten gelesen, sondern auch Daten auf der MS-DOS-Betriebssystemdiskette gespeichert werden.

> 2. Anschließend wird das Mikrocomputersystem eingeschaltet (Netzschalter auf „Ein" bzw. „ON").

Darauf leuchtet die Kontrollampe des Diskettenlaufwerkes A auf. Man hört für kurze Zeit ein Geräusch aus dem Diskettenlaufwerk. Beides sind Zeichen dafür, daß das MS-DOS-Betriebssystem geladen wird. Dieser Vorgang kann bis zu 1 1/2 Minuten dauern.

> 3. Ist der Ladevorgang fehlerfrei verlaufen, wird anschließend über den Bildschirm zur Eingabe des aktuellen Datums aufgefordert. Geben Sie es in folgender Form ein:
>
> TT-MM-JJ ⏎ (vgl. Abschnitt 5.2 Schritt 6).

Hierbei steht

T für Tag,

M für Monat und

J für Jahr.

Es sind für jede Angabe jeweils zwei Ziffern, getrennt durch Bindestriche (auf der Tastatur das Minuszeichen), einzugeben und anschließend die RETURN-Taste ⏎ zu drücken. Fehlerhafte Eingaben werden vom System nicht akzeptiert. Es wird zur Neueingabe aufgefordert.

> **4. Nach der Eingabe des Datums wird zur Eingabe der aktuellen Zeit aufgefordert. Geben Sie es in folgender Form ein:**
> **HH:MM:SS ⏎ (vgl. Abschnitt 5.2 Schritt 7).**

Hierbei steht

H für Stunden,

M für Minuten und

S für Sekunden.

Auch hier sind für jede Angabe jeweils zwei Ziffern, getrennt durch Doppelpunkte, einzugeben. Anschließend ist die RETURN-Taste zu drücken. Fehlerhafte Eingaben werden nicht akzeptiert. Es wird zur Neueingabe aufgefordert.

Die Schritte 3 und 4 können auch ohne Eingabe von Datum und Uhrzeit übergangen werden, indem einfach die RETURN-Taste ⏎ gedrückt wird. Dadurch wird das letzte eingegebene Datum und die letzte eingegebene Uhrzeit als aktuell übernommen.

> **5. Anschließend meldet sich das MS-DOS-Betriebssystem wie folgt bereit:**
> **The IBM Personal Computer DOS**
> **Version 1.10 (C) Copyright IBM Corp. 1981, 1982**
> **A>**

Die erste Zeile zeigt an, daß es sich bei dem geladenen MS-DOS um das DOS für den IBM PC handelt.

In der zweiten Zeile wird die Versionsnummer angeben. Aus ihr und den Jahreszahlen kann man ersehen, ob man die jeweils neueste Version besitzt oder nicht.

Die Zeichenfolge

A>

zeigt an, daß das MS-DOS-Betriebssystem bereit ist, MS-DOS Kommandos entgegenzunehmen. Man nennt es auch das *MS-DOS-Bereitschaftszeichen* (engl.: System prompt).

Der Buchstabe A gibt an, daß im Augenblick gerade das Diskettenlaufwerk A zugeschaltet (aktiv) ist.

6.2 Warmstart

Während der Arbeit mit dem Mikrocomputer können, z.B. durch Fehleingaben, Fehler im System auftreten, deren Ursachen nicht mehr zu ermitteln sind bzw. nicht mehr rückgängig zu machen sind. Hier kann teilweise als *letzter* Ausweg nur ein neuer Start des MS-DOS-Betriebssystems helfen, damit wieder eine definierte Ausgangslage eingenommen wird.

Ein Ausschalten des Systems und ein neuer Kaltstart ist vielfach zu umständlich und zeitaufwendig (z.B. 1 1/2 Minuten Wartezeit). Daher wurde dafür gesorgt, daß auch ein Neustart des MS-DOS-Betriebssystems vom eingeschalteten, quasi „warmen" Zustand möglich ist (daher „Warmstart").

Den Warmstart des MS-DOS-Betriebssystems erreicht man durch gleichzeitiges Drücken der Tasten

| Ctrl | und | Alt |

und durch anschließendes Drücken der Taste

| Del |

Kurze Zeit nach dem Drücken dieser Tasten erscheint das MS-DOS-Systembereitschaftszeichen

A >

Vergleicht man die Kapitel 5 und 6, so erkennt man den Unterschied zwischen der Original-MS-DOS-Systemdiskette und der landesspezifischen MS-DOS-Systemdiskette.

- Wird die Original-MS-DOS-Systemdiskette in das Systemlaufwerk gelegt und das Mikrocomputersystem eingeschaltet, wird die Erstellung der landesspezifischen MS-DOS-Systemdiskette vorbereitet. Es erscheinen auf dem Bildschirm ganz andere Abfragen als bei der landesspezifischen MS-DOS-Systemdiskette.
- Wird die landesspezifische MS-DOS-Systemdiskette in das Systemlaufwerk gelegt und das Mikrocomputersystem eingeschaltet, wird zur Eingabe von Datum und Uhrzeit aufgefordert, und es erscheint abschließend das Systembereitschaftszeichen A>.

6.3 Zusammenfassung

- Kaltstart
  Die landesspezifische MS-DOS-Systemdiskette ist in das Laufwerk A des eingeschalteten Mikrocomputers zu legen.
  Anschließend ist das Mikrocomputersystem einzuschalten.
  Daraufhin ist das aktuelle Datum in folgender Form einzugeben:

  | TT-MM-JJ | ⏎ |

  Entsprechend ist anschließend die aktuelle Zeit wie folgt einzugeben:

  | HH:MM:SS | ⏎ |

  Das MS-DOS-Betriebssystem meldet sich dann wie folgt bereit:

  ```
  The IBM Personal Computer DOS
  Version 1.10 (C) Copyright IBM Corp 1981, 1982
  A >
  ```

- Warmstart
  Den Warmstart erreicht man durch gleichzeitiges Drücken der Tasten

  | Ctrl | und | Alt |

  und durch anschließendes Drücken der Taste

  | Del |

6.4 Übungsaufgaben

Die Lösungen der Übungsaufgaben befinden sich in Kap. 26.

Aufgabe 6.1
Wie ist beim Kaltstart das Datum einzugeben?
Wählen Sie als Beispiel das Datum 15.1.1985.

Aufgabe 6.2
Welches Diskettenlaufwerk ist nach dem Warmstart aktiv?

7 Formatieren neuer Disketten

Durch das Formatieren einer Diskette, teilweise auch Initialisieren genannt, wird eine fabrikneue Diskette zum Aufnehmen von Programmen und Daten vorbereitet (vgl. Abschnitte 1.7.2 und 4.3).

> **Jede neue Diskette muß formatiert werden.**

Insbesondere wird mit Hilfe der Formatierung Speicherplatz für das Inhaltsverzeichnis der Dateien reserviert.

Außerdem werden durch das Formatieren *defekte* Spuren inaktiviert, d.h. es wird dafür gesorgt, daß die defekten Spuren nicht beschrieben werden können.

Weiterhin kann gleich während des Formatierens das MS-DOS-Betriebssystem auf die neuen Disketten kopiert werden. Dies ist immer sinnvoll, wenn später auf diese Disketten *Programme gespeichert* werden sollen. Für eine *reine Datenspeicherung* ist dies hingegen *nicht* sinnvoll.

7.1 Formatierungskommandos

Die Formatierung neuer Disketten läuft wie folgt ab:

Die MS-DOS-Systemdiskette wird in Laufwerk A bzw. in das einzig vorhandene Laufwerk eingelegt und MS-DOS wird gestartet.

Nach den dazu nötigen Eingaben erscheint das Systembereitschaftszeichen A >.

Nun müssen die entsprechenden Formatierkommandos gegeben werden, z.B. ob die zu formatierende neue Diskette in Laufwerk A (nur ein Laufwerk) oder in Laufwerk B (bei zwei Laufwerken) liegt, ob das MS-DOS-Betriebssystem mit übertragen werden soll oder nicht (Kurzform S für System) und ob die Diskette ein- oder beidseitig formatiert werden soll (Kurzform 1 für einseitig). Die landesspezifische Systemdiskette wird zunächst in Laufwerk A belassen und je nach Wunsch einer der folgenden Formatierkommandos gegeben:

Ein Laufwerk		Zwei Laufwerke	
Ohne MS-DOS	Mit MS-DOS	Ohne MS-DOS	Mit MS-DOS
Beidseitig: FORMAT A: ⏎	Beidseitig: FORMAT A:/S ⏎	Beidseitig: FORMAT B: ⏎	Beidseitig: FORMAT B:/S ⏎
Einseitig: FORMAT A:/1 ⏎	Einseitig: FORMAT A:/S/1 ⏎	Einseitig: FORMAT B:/1 ⏎	Einseitig: FORMAT B:/S/1 ⏎

Es erscheint anschließend folgende Aufforderung:
 	
`Insert new diskette for drive A:`
`and strike any key when ready`
 	
d.h. es soll die neu zu formatierende Diskette in Laufwerk A gelegt werden. Dazu ist vorher die Systemdiskette zu entnehmen. Anschließend soll eine beliebige Taste gedrückt werden.
		Es erscheint anschließend folgende Aufforderung:
		
		`Insert new diskette for drive B:`
		`and strike any key when ready`
		
		d.h. es soll die neu zu formatierende Diskette in das Laufwerk B gelegt werden, falls dies noch nicht geschehen ist, und anschließend eine beliebige Taste gedrückt werden.	

Nach dem Drücken einer beliebigen Taste beginnt das Formatieren. Formatiert man ohne gleichzeitige Übertragung des DOS-Betriebssystems, so ergibt sich folgende Ausgabe:

```
Formatting...Format complete

    322560 bytes total disk space
    322560 bytes available on disk

Format another (Y/N)?N
```

Formatiert man mit gleichzeitiger Übertragung des DOS-Betriebssystems, so ergibt sich folgende Ausgabe:

```
Formatting...Format complete
System transferred

    322560 bytes total disk space
     14336 bytes used by system
    308224 bytes available on disk

Format another (Y/N)?N
```

Solange formatiert wird, erscheint der Text

> Formatting ...

Die rote Kontrollampe des Laufwerkes leuchtet auf.

Ist das Formatieren beendet, erscheint die Ausgabe:

> Format complete

In dem Fall, in dem das DOS-Betriebssystem gleichzeitig übertragen werden sollte, erscheint zusätzlich die Ausgabe:

> System transferred

Anschließend erfolgt eine Ausgabe der Speicherkapazität:

Die vollständige Speicherkapazität (total disk space) ist 322 560 bytes.

Wird das MS-DOS-Betriebssystem nicht mit übertragen, ist die für den Anwender verfügbare Speicherkapazität der Diskette (available on disk) gleich der vollständigen Speicherkapazität.

Wird jedoch das MS-DOS-Betriebssystem mit übertragen, so wird der Speicherbedarf des MS-DOS-Betriebssystems mit ausgegeben (Bytes used by system 14336), so daß für den Anwender ein etwas reduzierter Speicherplatz auf der Diskette verfügbar bleibt (308 224 bytes).

Anschließend wird gefragt, ob der Anwender noch weitere Disketten formatieren möchte (Format another (Y/N)?).

Ist dies der Fall, so drückt man die Taste Y für Yes (ja) und man beginnt wieder mit der entsprechenden Kommandoeingabe.

Ist dies nicht der Fall, so drückt man die Taste N für No (nein), und es meldet sich das MS-DOS-Betriebssystem mit dem Bereitschaftszeichen A >.

7.2 Das MS-DOS-Diskettenformat

Durch das Formatieren werden die Sektoren einer 5 1/4" Diskette bei der Benutzung nur einer Oberfläche (engl.: single sided) wie folgt belegt:

Spur und Sektor	Belegung
Spur Ø Sektor 1	Urlader (BOOT)
Spur Ø Sektor 2	Dateizuordnungstabelle (engl. file allocation table, kurz FAT)
Spur Ø Sektor 3	Kopie der Dateizuordnungstabelle (Sicherheitskopie)
Spur Ø Sektor 4 bis 7	Inhaltsverzeichnis

Wird das MS-DOS-Betriebssystem während des Formatierens mit übertragen, so belegen diese folgende Spuren und Sektoren:

Spur und Sektor	Belegung
Spur Ø Sektor 8 *bis* Spur 1 Sektor 3	IBMBIO.COM
Spur 1 Sektor 4 *bis* Spur 2 Sektor 8	IBMDOS.COM

Die übrigbleibenden Sektoren sind frei für Anwenderdateien.

Wie aus dieser Aufstellung hervorgeht, benötigt das Inhaltsverzeichnis 4 Sektoren. Da pro Sektor 512 Bytes gespeichert werden können, stehen für das Inhaltsverzeichnis 2048 Bytes zur Verfügung.

In das Inhaltsverzeichnis lassen sich pro Diskettenseite *maximal* 64 Dateien eintragen, d.h. pro Dateieintrag stehen 2048 : 64 = 32 Bytes zur Verfügung. Sie werden wie folgt verwendet:

Byte	Bedeutung
Ø bis 7	Aufnahme des Dateihauptnamens (vgl. Abschnitt 8.3).
8 bis 10	Aufnahme des Dateiergänzungsnamens (vgl. Abschnitt 8.4).
11	Dateiattribut: 02 Datei nicht sichtbar 04 Systemdatei 00 alle übrigen Dateien
12 bis 23	Nicht verwendet.
24 bis 25	Aufnahme des neuesten Datums.
26 bis 27	Angabe des Startsektors (Sektor auf der Diskette, mit dem die Datei beginnt).
28 bis 31	Angabe der Dateigröße in Bytes.

Im allgemeinen werden Dateien mehr als einen Sektor Speicherkapazität beanspruchen. Im Inhaltsverzeichnis wird jedoch nur der Startsektor angegeben. Weitere Informationen gibt die Dateizuordnungstabelle (engl.: FAT) wie folgt:

3 Hexadezimal-Zeichen	Bedeutung
000	Sektor leer.
FFF	Letzter Sektor der Datei (Dateiende).
XXX	Relativer Sektor des nächsten Sektors der Datei. X ist dabei eine beliebige Hexadezimalziffer.

7.3 Zusammenfassung

Das Fahrnetz für das Formatierungskommando ist:

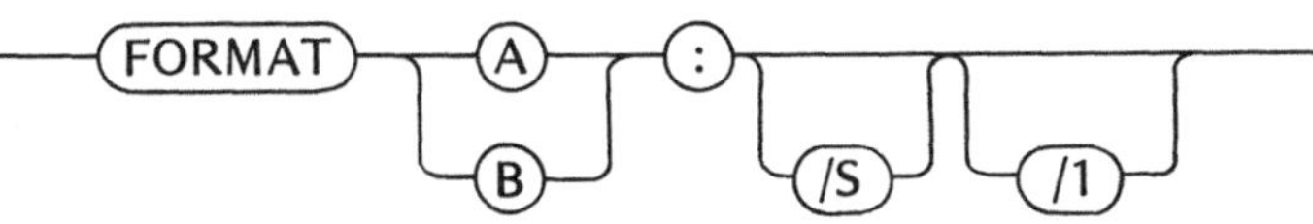

Die Wahl des Laufwerks, in dem die zu formatierende Diskette zu liegen hat, wird mit Hilfe der Buchstaben A und B (Laufwerksnamen) festgelegt.

Mögliche Parameter sind
/S, wenn das MS-DOS-Betriebssystem mit übertragen werden soll und
/1, wenn nur *eine* Diskettenseite formatiert werden soll
(bei einseitigen Disketten).

7.4 Übungsaufgaben

Die Lösungen der Übungsaufgaben befinden sich in Kap. 26.

Aufgabe 7.1

Wie lautet das MS-DOS-Kommando zum Formatieren einer einseitigen Diskette in Laufwerk B, wenn das MS-DOS-Betriebssystem *nicht* mit übertragen werden soll?

Aufgabe 7.2

Wozu dient eine sogenannte FAT auf einer Diskette?

8 Dateinamen

8.1 Dateien

> **Dateien (engl.: file) sind logisch zusammengehörende Informationen.**

Dateien sind z.B. Programme, Eingabedaten, Ausgabedaten und dergleichen.

Sie müssen physikalisch auf bzw. in einem Speicher gespeichert werden.

Da z.B. auf einer Diskette *mehrere* Dateien gespeichert werden können (bis zu 64 Dateien, vgl. Abschnitt 7.2), müssen sie mit Hilfe von Dateinamen (engl.: file name) unterschieden werden können.

> **Dateien auf einer Diskette müssen durch unterschiedliche Dateinamen eindeutig unterscheidbar sein.**

Die kleinste Speichereinheit auf einer Diskette, auf die vom MS-DOS-Betriebssystem zugegriffen werden kann, ist der Sektor mit einer Speicherkapazität von 512 Byte.

Somit müssen bei größeren Dateien die *logisch* zusammengehörenden Informationen *physikalisch* auf mehrere Sektoren verteilt werden. Diese Sektoren müssen nicht aufeinanderfolgen und können sich auch in verschiedenen Spuren befinden.

Der Anwender braucht sich jedoch nicht darum zu kümmern, wo sich die einzelnen zu einer Datei gehörenden Sektoren auf der Diskette befinden. Mit Hilfe des Dateinamens reiht das MS-DOS-Betriebssystem die einzelnen Sektoren einer Datei logisch richtig aneinander (vgl. Abschnitt 7.2 FAT).

8.2 Dateinamen

Dateinamen können nicht willkürlich vom Anwender gewählt werden. Es sind einige Bildungsregeln zu beachten, die im folgenden beschrieben werden.

Ein Dateiname besteht aus

- einem Datei-Hauptnamen und
- einem Datei-Ergänzungsnamen (Dateikennung, Dateityp, engl.: extension).

Diese beiden Bestandteile eines Dateinamens werden durch einen Punkt getrennt.

> **Somit ergibt sich folgende allgemeine Form für einen Dateinamen:**
>
> > **Dateihauptname. Dateiergänzungsname**

8.3 Dateihauptnamen

> **Der Dateihauptname setzt sich aus höchstens 8 Zeichen des auf der Tastatur möglichen Zeichenvorrats zusammen.**
>
> **Ausgenommen sinf folgende Zeichen: . , : ; = ? * [ ]**
>
> **Für das Fragezeichen ? und den Stern * gelten innerhalb eines Dateinamens besondere Regeln (vgl. Abschnitt 8.5).**

Der Dateihauptname sollte mit Hilfe des verfügbaren Zeichenvorrats so gewählt werden, daß man erkennt, wozu die Datei dient und was sie enthält.

Es sollte somit ein aussagekräftiger Dateihauptname gewählt werden.

Beispiel 8.1

ADD	für ein Additionsprogramm,	TXT	für Texte,
BSP1	für Beispiele, die z.B. durchnumeriert werden,	BRF	für Briefe,
TEST	für ein Testprogramm,	RCH	für Rechnungen usw.

8.4 Dateiergänzungsnamen

> **Der Dateiergänzungsname besteht aus höchstens 3 beliebigen Zeichen des auf der Tastatur verfügbaren Zeichenvorrats.**

Hierbei gelten die gleichen Einschränkungen bezüglich der Sonderzeichen wie beim Dateihauptnamen (Abschnitt 8.3).

> **Der Dateiergänzungsname dient dazu, den Dateityp näher zu beschreiben.**

Man kann mit Hilfe des Dateiergänzungsnamens eine Datei z.B. so kennzeichnen, daß man erkennt, daß es sich um eine Datei handelt, die Programme oder Daten enthält. Mit Hilfe des Dateiergänzungsnamens kann man Programmdateien auch hinsichtlich der verwendeten Programmiersprache kennzeichnen, d.h. ob es sich um ein Programm in der Programmiersprache BASIC bzw. FORTRAN, der Assemblersprache oder dem Maschinencode handelt. Entsprechendes gilt für Dateien mit unterschiedlichen Datentypen (Dezimal, Hexadezimal, Dual usw.).

> **Für bestimmte Dateitypen sind die Dateiergänzungsnamen fest vergeben.**

Festgelegte Datei-ergänzungsnamen	Dateiergänzungsname für
COM	Maschinencodeprogramme (Sofort ausführbare Programme).
ASM	Assembler Quellprogramme.
BAS	BASIC Quellprogramme.
FOR	FORTRAN Quellprogramme.
ASC	ASCII-Datei.
HEX	INTEL Hex-Programme.
PRN	Compilierte Programme, die ausgedruckt werden können. (PRN ist eine Abkürzung für engl.: print, d.h. drucken.)
$$$	Zwischendateien Sie werden automatisch beim Anlegen neuer Dateien eröffnet, bis die Eingabe in die neue Datei beendet wird (vgl. Abschnitte 12.2, 12.4.1, 12.7).
BAK	Back Up Dateien Das sind Sicherungsdateien; wird eine Datei verändert, wird die geänderte Datei unter dem gewählten Namen auf der Diskette gespeichert, die *alte* Version jedoch unter dem gleichen Hauptnamen, jedoch mit dem Ergänzungsnamen BAK zu Sicherungszwecken gespeichert (vgl. Abschnitt 12.7).
BAT	Batch Befehlsdateien Dateien, die die Kommandos für eine Stapelverarbeitung (engl.: Batch) aufnehmen (vgl. Kap. 24).

Beispiele 8.2

Für BASIC-Programme ist der Dateiergänzungsname BAS fest vergeben. Für Programme im Maschinencode ist hingegen der Dateiergänzungsname COM vergeben.

> **Die Angabe eines Dateiergänzungsnamens ist nicht immer erforderlich.**

Teilweise wird der Dateiergänzungsname auch automatisch vergeben.

Möchte man z.B. ein im Disketten-BASIC erstelltes Programm unter Angabe eines Dateihauptnamens auf einer Diskette speichern, so wird diesem Programm *automatisch* der *Dateiergänzungsname BAS* zugefügt.

Möchte man diese Datei jedoch im Namen ändern, eine Kopie des Inhalts dieser Datei anfertigen oder diese Datei löschen, so muß stets der *volle* Name, d.h. der Dateihaupt- und Ergänzungsname angegeben werden.

8.5 Dateigruppennamen

Soll nur eine einzelne Datei auf einer Diskette gespeichert werden bzw. von der Diskette in den Arbeitsspeicher gebracht werden, so ist nur die Angabe *eines* Dateinamens erforderlich. In anderen Fällen ist es jedoch wünschenswert, nicht nur *einzelne* bestimmte Dateien bezeichnen zu können, sondern auch *Gruppen* von Dateien.

Dies vereinfacht in vielen Fällen die *Arbeit mit Dateien*, z.B. beim Auflisten, Kopieren und Löschen. Ein entsprechendes Kommando, das einen Dateigruppennamen enthält, kann somit für eine ganze Gruppe von Dateien gelten, so daß die Kommandos nicht alle separat für jede einzelne Datei eingegeben werden müssen.

Beispiel 8.3

Es sollen *alle* Dateien vom Typ BAS gelöscht werden.
Es sollen die Dateien BSP1, BSP2 und BSP3 mit Hilfe eines einzigen Kommandos auf dem Drucker ausgedruckt werden.
Es sollen alle Maschinencodeprogramme (Typ COM) kopiert werden.

> **Dateigruppennamen enthalten im Dateinamen die Dateigruppenzeichen ? und ∗.**
>
> - **Das Dateigruppenzeichen „?" steht stellvertretend für ein beliebiges Zeichen, das im Dateinamen erlaubt ist.**
> - **Das Dateigruppenzeichen „∗" steht stellvertretend für eine Zeichenfolge.**

Das Dateigruppenzeichen „?" bezieht sich somit nur auf ein Zeichen an einer ganz bestimmten Position im Dateinamen. Das Dateigruppenzeichen „?" darf mehrfach in einem Dateigruppennamen vorkommen.

Das Dateigruppenzeichen „∗" steht stellvertretend für den gesamten Dateihauptnamen bzw. Dateiergänzungsnamen. Dieses Dateigruppenzeichen ist sehr effektiv, denn es kann sehr viel Arbeit bei der Kommandoeingabe ersparen. Unbedacht verwendet kann es jedoch auch gefährlich sein, so beim Löschen von Dateien. Es ist daher mit Bedacht zu verwenden.

Beispiel 8.4

Dateigruppen- name	Erläuterung
A ? C. ? E	Der Dateigruppenname A ? C. ? E steht z.B. stellvertretend für Dateinamen wie ABC.DE, AAC.EE, ACC.QE usw., d.h. an der Stelle, wo das ?-Zeichen steht, kann jedes beliebige erlaubte andere Zeichen stehen. Aus dieser Vielzahl theoretisch möglicher Dateinamen bleiben praktisch jedoch nur wenige über, die als Dateinamen auf der Diskette auch wirklich vorhanden sind und somit überhaupt angesprochen werden können.
BA ? ? .BAS	Dieser Dateigruppenname könnte z.B. stellvertretend für folgende BASIC-Quellprogrammdateien stehen: BANK, BALD, BAST, BACH usw., nicht jedoch für die Dateien BUCH, BILD o.ä..
TXT? .BAS	Dieser Dateigruppenname könnte stellvertretend für folgende BASIC-Quellprogrammdateien stehen: TXT1, TXT2, TXT3 usw. Man erkennt vielleicht an diesem Beispiel, daß die vorausschauende Wahl eines geeigneten Dateinamens das spätere Arbeiten mit den Dáteien vereinfachen kann.
ADD.∗	Dieser Dateigruppenname steht stellvertretend für *alle* Dateien mit dem Datei-Hauptnamen ADD.
∗.COM	Dieser Dateigruppenname steht stellvertretend für *alle* Dateien mit dem Dateiergänzungsnamen COM, d.h. für alle ausführbaren Dateien im Maschinencode.
∗.∗	Dieser Dateigruppenname steht stellvertretend für alle Dateien ohne jegliche Einschränkung.

8.6 Dateinamen mit Laufwerkangabe

Sind mehrere Laufwerke in einem Mikrocomputersystem vorhanden, muß zum Zugriff auf eine bestimmte Datei noch das Laufwerk angegeben werden, in dem sich die Diskette mit der gewünschten Datei befindet.

Die Laufwerke werden mit Hilfe von Buchstaben unterschieden. Das Systemlaufwerk hat als Kennbuchstaben den Buchstaben A, ein zweites Laufwerk den Buchstaben B usw. (vgl. Abschnitt 5.1).

Nach dem Einschalten der Systemeinheit ist das Systemlaufwerk A zugeschaltet (vgl. Kap. 6). Möchte man jedoch ein anderes Laufwerk benutzen, so muß vorher eine *Laufwerkumschaltung* vorgenommen werden.

Mit Hilfe einer Laufwerkumschaltung ist der Zugriff auf alle Dateien in allen Diskettenlaufwerken möglich.

Die Laufwerkumschaltung wird nicht mechanisch vorgenommen, sondern einfach durch voranstellen des gewünschten Laufwerks vor den Dateinamen der Datei, die in dem Laufwerk angesprochen werden soll. Die Laufwerkangabe wird vom Dateinamen mit Hilfe eines Doppelpunktes getrennt.

Die allgemeine Form eines solchen Dateinamens mit Laufwerkangabe ist:

Laufwerkangabe:Datei(gruppen)name ⏎

Beispiel 8.5

Man möchte auf eine Datei ADD.BAS in Laufwerk B zugreifen. Es ist jedoch zur Zeit das Systemlaufwerk A zugeschaltet (aktiv). Die gewünschte Laufwerkumschaltung ist möglich durch eine Laufwerkangabe im Dateinamen wie folgt

B:ADD.BAS

Es kann aber auch direkt auf das andere Laufwerk umgeschaltet werden, ohne Verbindung zu einem Dateinamen.

Eine allgemeine Laufwerksumschaltung läßt sich erreichen durch Eingabe des Kommandos:

Neue Laufwerksangabe: ⏎

Beispiel 8.6

Nach dem Systemstart ist das Laufwerk A aktiv. Dies ist erkenntlich am Systembereitschaftszeichen A >.

Es soll auf das Laufwerk B umgeschaltet werden. Dazu wird das Kommando

B: ⏎

eingegeben. ⏎ bedeutet, daß abschließend die RETURN-Taste zu drücken ist. Erst dann wird die Umschaltung ausgeführt.

Als äußeres Zeichen für die erfolgte Laufwerksumschaltung wird nun das Systembereitschaftszeichen
B >
auf dem Bildschirm ausgegeben.

> **Bei dieser Art der Umschaltung beziehen sich alle MS-DOS-Kommandos auf das aktuelle zugeschaltete aktive (angemeldete) Laufwerk.**

Ist die Laufwerksangabe hingegen mit dem Dateinamen verbunden, gilt die Umschaltung nur für die Kommandodauer. Das ist erkenntlich am Systembereitschaftszeichen, das nach Beendigung der Kommandos immer dasselbe ist.

Fehlermeldungen nach dem Laufwerkswechsel
Die Fehlermeldungen werden erst ausgegeben, wenn ein MS-DOS-Kommando auf die Diskette im entsprechenden Laufwerk zugreifen möchte.

Nr.	Fehlermeldung	Erläuterung
1	Not ready error reading drive B: Abort, Retry, Ignore?	Übersetzung der engl. Fehlermeldung:
		Nicht bereit, Fehler beim Lesen der Diskette in Laufwerk B: Abbruch, Wiederholung, Ignorieren?
		Diese Fehlermeldung tritt auf, wenn: • keine Diskette in dem bezeichneten Laufwerk liegt oder • das Diskettenlaufwerk nicht richtig angeschlossen ist. Meist erscheint die Meldung, weil keine Diskette eingelegt wurde. Dies läßt sich i.a. schnell überprüfen. Durch Einlegen der gewünschten Diskette und Drücken der Taste R für retry wird das Kommando wiederholt.
2	Disk error writing drive B: Abort, Retry, Ignore?	Übersetzung der engl. Fehlermeldung:
		Fehler beim Schreiben auf die Diskette in Laufwerk B: Abbruch, Wiederholung, Ingnorieren?
		Diese Fehlermeldung tritt i.a. auf, wenn die Diskette im gewünschten Laufwerk nicht formatiert ist. Ob eine Diskette formatiert ist oder nicht, läßt sich nicht von außen feststellen. Daher sollte man sich angewöhnen, formatierte Disketten mit einem speziellen Aufkleber, der den Packungen i.a. beigelegt ist, zu versehen. Hat eine Diskette nur ein Firmenetikett, weiß man, daß sie noch nicht formatiert ist.

3	Disk error reading drive **B**: Abort, Retry, Ignore?	**Übersetzung der engl. Fehlermeldung:**
		Fehler beim Lesen der Diskette in Laufwerk B: **Abbruch, Wiederholung, Ignorieren?**
		Die Fehlerquelle ist i.a. die gleiche wie im vorangegangenen Fall.

8.7 Zusammenfassung

Dateien sind logisch zusammengehörende Informationen. Sie müssen jedoch nicht physikalisch im Speicher zusammen angeordnet sein.

Dateien auf einer Diskette müssen durch unterschiedliche Dateinamen eindeutig unterscheidbar sein.

Ein MS-DOS-Dateiname besteht aus einem Dateihauptnamen und einem Dateiergänzungsnamen, getrennt durch einen Punkt. Somit ist die allgemeine Form eines MS-DOS-Dateinamens:

> Dateihauptname. Dateiergänzungsname

- Der *Dateihauptname* besteht aus höchstens 8 beliebigen Zeichen des auf der Tastatur möglichen Zeichenvorrats mit Ausnahme der Sonderzeichen . , : ; = ? * [ ]
- Der *Dateiergänzungsname* besteht aus höchstens 3 beliebigen Zeichen des auch für den Dateihauptnamen geltenden Zeichenvorrats.
  Der Dateiergänzungsname dient dazu, den Dateityp näher zu beschreiben. Für einige bestimmte Dateitypen sind bestimmte Dateiergänzungsnamen fest vergeben.

Zur Anwendung von MS-DOS-Kommandos auf bestimmte Gruppen von Dateien können Dateigruppennamen verwendet werden. Dateigruppennamen enthalten im Dateinamen Dateigruppenzeichen.

- Das *Dateigruppenzeichen* „?" steht stellvertretend für ein beliebiges Zeichen, das im Dateinamen enthalten ist.
- Das Dateigruppenzeichen „*" steht stellvertretend für den gesamten Dateihauptnamen bzw. Dateiergänzungsnamen.

Möchte man auf eine Datei zugreifen, die sich z.Z. nicht in einem aktiven Laufwerk befindet, so gibt es zwei Möglichkeiten der Laufwerksumschaltung:

- Dem Dateinamen ist die gewünschte Laufwerksangabe wie folgt voranzustellen:

> Laufwerksangabe: Datei(gruppen)name

Nach Abschluß des Zugriffs ist wieder das ursprüngliche Laufwerk aktiv.

- Allgemeine Laufwerksumschaltung

> Laufwerksangabe:

Das gewählte Laufwerk bleibt für alle folgenden Kommandos das aktive Laufwerk, es sei denn, es erfolgt eine erneute Umschaltung.

8.8 Übungsaufgaben

Die Lösungen der Übungsaufgaben befinden sich in Kap. 26.

Aufgabe 8.1

Sind folgende MS-DOS-Dateinamen erlaubt?

Nr.	Dateiname	ja	nein	Erläuterung
1	WURZEL	O	O	
2	STATIK.BAS	O	O	
3	PLUS!.ABC	O	O	
4	Q?R.*	O	O	
5	REGULIERUNG.FOR	O	O	
6	A<B.TEX	O	O	
7	SUB.$$$	O	O	

Aufgabe 8.2

Welchen Dateiergänzungsnamen besitzen unter MS-DOS ablauffähige Programme?

Aufgabe 8.3

Das MS-DOS-Betriebssystem gibt auf dem Bildschirm das Systembereitschaftszeichen
B > aus, d.h. es ist das Laufwerk B aktiv. Es soll

a) das Laufwerk A dauerhaft aktiviert werden.
b) nur für die Zeit der Bearbeitung der Datei NEWTON.ASM auf das Laufwerk A umgeschaltet werden.

Geben Sie an, wie dies erreicht werden kann.

9 Einführung in die wichtigsten MS-DOS-Kommandos

Man unterscheidet bei dem MS-DOS-Betriebssystem zwischen

- dauerhaft im Arbeitsspeicher gespeicherten Kommandos (built in commands, d.h. eingebaute, residente Kommandos) und
- von der MS-DOS-Systemdiskette ladbare Kommandos (transient commands, d.h. flüchtige Kommandos).

Die dauerhaft im Arbeitsspeicher gespeicherten Kommandos werden beim Starten des MS-DOS-Betriebssystems (Kapitel 6) in den Arbeitsspeicher des Mikrocomputers übertragen. Aus diesem Grunde muß die Arbeitsspeicher-Kapazität ausreichend sein (mindestens 32 Kbyte, vgl. Abschnitt 4.1).

Der Vorteil der dauerhaft gespeicherten MS-DOS-Kommandos besteht darin, daß diese Kommandos *sofort ausgeführt* werden können, während die von der MS-DOS-Systemdiskette ladbaren Kommandos zunächst von der Diskette in den Arbeitsspeicher des Mikrocomputers geladen werden müssen und erst *anschließend ausgeführt* werden können.

Umfangreiche und seltener benutzte Kommandos werden aber dennoch in Form von ladbaren Kommandos auf der Systemdiskette gespeichert, um wertvollen Arbeitsspeicher nur dann zu belegen, wenn es erforderlich ist.

Ein weiterer Nachteil der ladbaren MS-DOS-Kommandos besteht darin, daß zur Nutzung dieser Kommandos die Systemdiskette dauernd im Systemlaufwerk A liegen muß. Dies ist für die dauerhaft im Arbeitsspeicher gespeicherten Kommandos nicht erforderlich.

Das MS-DOS-Betriebssystem besitzt 5 wichtige dauerhaft gespeicherte Kommandos sowie 7 wichtige ladbare Kommandos, deren Aufgaben in den folgenden Abschnitten kurz umrissen werden.

9.1 Dauerhaft im Arbeitsspeicher gespeicherte MS-DOS-Kommandos

Nr.	Kommando	Kurzerläuterung	Aufgabe des Kommandos
1	DIR	engl.: <u>Dir</u>ectory, d.h. hier: Dateiinhaltsverzeichnis ausgeben.	Mit Hilfe des DIR-Kommandos kann ermittelt werden, ob auf einer Diskette *bestimmte Dateien* vorhanden sind. Es können auch *Listen von Dateinamen* zusammengestellt werden, z.B. für spezielle Dateitypen bzw. Dateigruppen, die sich auf einer Diskette befinden. Außerdem lassen sich auch *alle Dateinamen* von den Dateien ausgeben, die sich auf einer Diskette befinden. Somit kann man dieses Kommando auch dazu benutzen, ein Dateiinhaltsverzeichnis von Disketten ausgeben zu lassen. Dieses Kommando wird ausführlich in Kap. 10 behandelt.
2	ERASE	engl.: Erase, d.h. hier: Löschen von Dateien.	Mit Hilfe des ERASE-Kommandos können vorhandene benannte Dateien auf der Diskette gelöscht werden. Dieses Kommando wird ausführlich in Kap. 18 behandelt.
3	RENAME	engl.: Rename, d.h. hier: Umbenennen von Dateien.	Mit Hilfe des RENAME-Kommandos können vorhandene Dateinamen umbenannt werden. Dieses Kommando wird ausführlich in Kap. 19 behandelt.
4	COPY	engl.: Copy, d.h. hier: kopieren, duplizieren von Dateien.	Mit Hilfe des COPY-Kommandos können vorhandene benannte Dateien auf ein und dieselbe Diskette oder auf eine andere Diskette im gleichen oder einem anderen Laufwerk kopiert (dupliziert) werden. Dieses Kommando wird ausführlich in Kap. 13 behandelt.
5	TYPE	engl.: Type, d.h. hier: Ausgabe von Dateiinhalten auf dem Bildschirm bzw. Drucker.	Mit Hilfe des TYPE-Kommandos können Dateiinhalte von vorhandenen Dateien auf dem Bildschirm ausgegeben werden. Die Anfertigung einer Bildschirmkopie auf dem Drucker ist ebenfalls möglich. Dieses Kommando wird ausführlich in Kap. 16 behandelt.

Mit Hilfe dieser elementaren Kommandos kann man

- ermitteln, ob eine gewünschte Datei auf einer Diskette vorhanden ist (DIR),
- Dateiinhalte von der Diskette auf den Bildschirm bringen und somit sichtbar machen (TYPE),
- Dateien kopieren (COPY) bzw. umbenennen (RENAME) und,
- falls bestimmte Dateien nicht mehr benötigt werden, diese löschen (ERASE).

9.2 Wichtige von der MS-DOS-Systemdiskette ladbare Kommandos

Diese Kommandos müssen als Dateien auf der Systemdiskette in Maschinensprache vorhanden sein, damit sie nach Aufruf in den Arbeitsspeicher geladen und sofort ausgeführt werden können.

Einen Überblick über wichtige ladbare MS-DOS-Kommandos gibt folgende Aufstellung:

Nr.	Kommando	Kurzform für	Aufgabe des Kommandos
1	EDLIN	engl.: editing line, d.h. editieren von Zeilen.	Mit Hilfe des EDLINE-Kommandos können neue Dateien erzeugt (generiert) und alte Dateien geändert bzw. ergänzt werden. Editieren heißt soviel wie: redigieren, verfassen, überarbeiten, ergänzen, kürzen. Dieses Kommando wird ausführlich in Kap. 12 behandelt.
2	CHKDSK	engl.: check disk, d.h. prüfen von Disketten.	Mit Hilfe des CHKDSK-Kommandos kann der Zustand (Status) des Systems angezeigt werden. Dazu gehört auch die Ermittlung des freien Speicherplatzes auf Disketten sowie des benötigten Speicherplatzes für bestimmte Dateien auf der Diskette. Ähnliches gilt für den Arbeitsspeicher. Dieses Kommando wird ausführlich in Kap. 11 behandelt.
3	DISKCOPY	engl.: diskcopy, d.h. Diskette kopieren.	Mit Hilfe des DISKCOPY-Kommandos läßt sich der gesamte Inhalt einer Diskette auf eine andere Diskette kopieren. Dies wäre auch mit Hilfe des arbeitsspeicherresidenten COPY-Kommandos möglich. Der Kopiervorgang ist jedoch bei DISKCOPY kürzer. Vielfach werden auf diese Weise Sicherheitskopien angefertigt, um bei Verlust bzw. Zerstörung einer Diskette ein Duplikat zu haben. Dieses Kommando wird ausführlich in Kap. 14 behandelt.

4	SYS	engl.: System, d.h. System.	Mit Hilfe des SYS-Kommandos kann eine Kopie des MS-DOS-Betriebssystems auf einer anderen Diskette gespeichert werden. Dies ist mit dem COPY-Kommando nicht möglich, da das MS-DOS-Betriebssystem nicht nur aus ladbaren Kommandos besteht (Dateien). Auf speziellen Spuren der Diskette stehen wesentliche Bestandteile des MS-DOS-Betriebssystems, die sich nur mit Hilfe des SYS-Kommandos kopieren lassen. Eine ausführliche Behandlung dieses Kommandos finden Sie in Kap. 15. Das Kopieren des MS-DOS-Betriebssystems ist allerdings nur nötig, wenn man bei dem Formatieren der Disketten das MS-DOS-Betriebssystem nicht mit übertragen hat (vgl. Kap. 7).
5	FORMAT	Formatieren von Disketten.	Mit Hilfe des FORMAT-Kommandos kann eine fabrikneue Diskette formatiert werden. Dieser Vorgang wurde ausführlich in Kap. 7 besprochen.
6	COMP	engl.: compare, d.h. vergleichen von Dateien.	Mit Hilfe dieses Kommandos kann der Inhalt von Dateien verglichen werden. Dies wird vielfach nach dem Kopieren gemacht, um zu prüfen, ob die Kopie mit dem Original übereinstimmt oder sich Übertragungsfehler eingeschlichen haben.
7	DISKCOMP	engl.: disk compare, d.h. Disketten vergleichen.	Mit Hilfe dieses Kommandos kann der Inhalt von zwei Disketten verglichen werden. Dies wird vielfach nach dem Kopieren ganzer Disketten gemacht, um zu prüfen, ob die Kopie mit dem Original übereinstimmt oder sich Übertragungsfehler eingeschlichen haben.

10 Das DIR-Kommando

10.1 Aufgaben des DIR-Kommandos

Das DIR-Kommando ist nach dem Laden des MS-DOS-Betriebssystems dauerhaft im Arbeitsspeicher des Mikrocomputers gespeichert. Die MS-DOS-Systemdiskette muß bei Verwendung dieses Kommandos somit nicht ständig im Systemlaufwerk A liegen.

Das DIR-Kommando hat insbesondere die Aufgabe, dem Benutzer des Mikrocomputers Auskunft darüber zu geben, welche Dateien bzw. Dateigruppen auf der Diskette gespeichert sind (Ausgabe des Dateiinhaltsverzeichnisses einer Diskette auf dem Bildschirm).

Diese Auskunft benötigt der Benutzer vielfach, z. B.:
— wenn unbekannt ist, welche Dateien auf einer Diskette enthalten sind,
— um zu prüfen, ob nach einem Löschkommando für bestimmte Dateien diese auch tatsächlich gelöscht wurden,
— um zu prüfen, ob nach einem Kopierkommando für bestimmte Dateien diese Dateien auch tatsächlich kopiert wurden,
— oder um zu prüfen, ob eine neu erzeugte Datei nach dem Speichern tatsächlich auf der Diskette gespeichert wurde usw.

Zu diesen und anderen Zwecken wird beim Speichern von Dateien auf einer Diskette automatisch der Dateiname im Dateiinhaltsverzeichnis (engl.: _directory_) abgelegt, in dem dadurch alle Dateinamen aufgeführt sind, die sich auf der Diskette befinden.

10.2 Die allgemeine Form des DIR-Kommandos

Mit Hilfe des DIR-Kommandos können Dateinamen, die im Dateiinhaltsverzeichnis der Diskette enthalten sind, auf dem Bildschirm ausgegeben werden.

Die allgemeine Form des DIR-Kommandos ist:

DIR ⊔ Laufwerksangabe: Datei(gruppen)name⏎

Dabei ist:

DIR	Schlüsselwort des Kommandos.
Laufwerks-angabe	Da die Disketten in verschiedenen Laufwerken liegen können (z.B. Laufwerk A oder B), muß im DIR-Kommando festgelegt werden, von welcher Diskette in welchem Laufwerk das Dateiinhaltsverzeichnis auszugeben ist. Ist das Dateiinhaltsverzeichnis von einer Diskette im Systemlaufwerk A zu erstellen, *kann* die Laufwerksangabe A entfallen.
Datei-(gruppen-)name	Möchte man nur wissen, ob bestimmte Dateien oder Dateigruppen auf der Diskette vorhanden sind, so sind die entsprechenden Dateinamen bzw. Dateigruppennamen einzugeben. Möchte man das *gesamte* Inhaltsverzeichnis ausgegeben haben, *kann* der Dateigruppenname *.* für *alle* Dateien entfallen. Für die Wahl des Dateinamens bzw. Dateigruppennamens gilt das in Abschnitt 8.5 gesagte.

Beispiel 10.1

Es soll das Dateiinhaltsverzeichnis der MS-DOS-Systemdiskette, die sich im Laufwerk A befindet, ausgegeben werden.

```
A>dir                                          ┬ Kommando
COMMAND  COM     4959   5-07-82   12:00p
FORMAT   COM     3816   5-07-82   12:00p
CHKDSK   COM     1720   5-07-82   12:00p
SYS      COM      605   5-07-82   12:00p
DISKCOPY COM     2008   5-07-82   12:00p
DISKCOMP COM     1640   5-07-82   12:00p
COMP     COM     1649   5-07-82   12:00p
EXE2BIN  EXE     1280   5-07-82   12:00p
MODE     COM     2509   6-18-82    1:48p
EDLIN    COM     2392   5-07-82   12:00p
DEBUG    COM     5999   5-07-82   12:00p
LINK     EXE    41856   5-07-82   12:00p
BASIC    COM    11392   5-07-82   12:00p      Ausgabe
BASICA   COM    16768   5-07-82   12:00p
KBPGM    BAS     3840   8-16-82    3:27p
GRAFTABL COM     1091   8-15-82    2:12p
KEYBUK   COM     1792   6-24-82    1:45p
KEYBIT   COM     1792   6-24-82    1:45p
WTDATIM  COM     1544   9-07-82    3:28p
KEYBSP   COM     1792   6-24-82    1:46p
KEYBFR   COM     1947   9-03-82    8:43a
KEYBGR   COM     1835   8-06-82    8:14a
AUTOEXEC BAT      128   1-01-80   12:05a
      23 File(s)                              ┴
```

Dies sind somit alle MS-DOS-Systemkommandos, die von der Systemdiskette in den Arbeitsspeicher *ladbar* sind. Man erkennt neben den in Kap. 9 schon aufgeführten von der Diskette ladbaren MS-DOS-Kommandos insbesondere die beiden BASIC-Interpreter mit den Dateinamen BASIC.COM (Disketten BASIC) und BASICA.COM (Erweitertes BASIC).

Die Ausgabe ist wie folgt aufgebaut:

— Für jede Datei wird eine Bildschirmzeile reserviert.
— In dieser Zeile steht der Dateihauptname und, falls vorhanden, der Dateiergänzungsname (vgl. Abschnitte 8.3 und 8.4).
— Anschließend folgt eine Zahl, die die auf der Diskette benötigte Speicherkapazität der Datei in Byte angibt.
— Dann folgt das Datum und die Uhrzeit, die der Datei zuletzt zugeordnet wurde.
— Weiterhin erkennt man, daß die Systemdateien IBMBIO.COM und IBMDOS.COM nicht im Inhaltsverzeichnis aufgeführt werden. Man spricht von „versteckten Dateien" (vgl. Abschnitt 4.3). Sie befinden sich auf reservierten Spuren der Diskette. Die Daten sind somit nicht direkt zugänglich wie die Daten in „normalen" Dateien.
— Am Ende des Dateiinhaltsverzeichnisses wird die Zahl der aufgelisteten Dateien (files) ausgegeben.

Beispiel 10.2

Möchte man alle COM-Dateien der Systemdiskette im Laufwerk A auflisten, so gibt man das DIR-Kommando mit einem entsprechenden Dateigruppennamen an:

```
A>DIR *.COM                                    ⊤ Kommando
  COMMAND   COM      4959    5-07-82   12:00p   ⊥
  FORMAT    COM      3816    5-07-82   12:00p
  CHKDSK    COM      1720    5-07-82   12:00p
  SYS       COM       605    5-07-82   12:00p
  DISKCOPY  COM      2008    5-07-82   12:00p
  DISKCOMP  COM      1640    5-07-82   12:00p
  COMP      COM      1649    5-07-82   12:00p
  MODE      COM      2509    6-18-82    1:48p
  EDLIN     COM      2392    5-07-82   12:00p
  DEBUG     COM      5999    5-07-82   12:00p
  BASIC     COM     11392    5-07-82   12:00p   Ausgabe
  BASICA    COM     16768    5-07-82   12:00p
  GRAFTABL  COM      1091    8-15-82    2:12p
  KEYBUK    COM      1792    6-24-82    1:45p
  KEYBIT    COM      1792    6-24-82    1:45p
  WTDATIM   COM      1544    9-07-82    3:28p
  KEYBSP    COM      1792    6-24-82    1:46p
  KEYBFR    COM      1947    9-03-82    8:43a
  KEYBGR    COM      1835    8-06-82    8:14a
        19 File(s)
A>
```

Beispiel 10.3

Folgendes Kommando führt zu der darauf folgenden Ausgabe auf dem Bildschirm:

```
A>DIR EDLIN                                    ⊤ Kommando
EDLIN     COM      2392    5-07-82   12:00p    ⊤
      1 File(s)                                  Ausgabe
                                               ⊥
```

Dieses Beispiel macht deutlich, daß der Dateiergänzungsname COM im DIR-Kommando nicht angegeben werden *muß*. Er kann jedoch mit angegeben werden. Dies gilt nicht nur für Dateinamen mit dem Dateiergänzungsname COM, sondern für alle Dateiergänzungsnamen. Dadurch wird der Aufwand bei der Eingabe verringert.

10.3 Fehlermeldungen

Wenn das DIR-Kommando formal falsch eingegeben wird (Syntaxfehler) oder wenn die Voraussetzungen zur Ausführung nicht erfüllt sind, werden Fehlermeldungen ausgegeben.

Beispiel 10.4

Folgendes Kommando führt zu der darauf folgenden Ausgabe auf den Bildschirm:

```
A>DIR ED            Kommando
File not found      Ausgabe
```

Der Dateihauptname darf nicht weiter abgekürzt werden (z.B. ED anstelle von EDLIN). Es wird die Fehlermeldung „Datei nicht gefunden" (engl.: file not found) ausgegeben, da eine Datei mit dem Namen ED nicht auf der Diskette im Laufwerk A vorhanden ist.

Beispiel 10.5

Folgendes Kommando führt zu der darauf folgenden Ausgabe auf dem Bildschirm:

```
A>DIRBASIC.COM              Kommando
Bad command or file name    Ausgabe
```

Es fehlt das trennende Leerzeichen zwischen DIR und BASIC.COM. Der Mikrocomputer kann mit der Zeichenfolge nichts anfangen, denn es gibt weder ein Kommando noch eine Datei mit dieser Zeichenfolge. Daher wird die Fehlermeldung „Bad command or file name" (falsches Kommando oder Dateiname) ausgegeben.

Beispiel 10.6

Im Laufwerk B möge keine Diskette liegen. Folgendes Kommando führt zu der darauf folgenden Ausgabe auf dem Bildschirm:

```
A>DIR B:                            Kommando

Not ready error reading drive B
Abort, Retry, Ignore? A             Ausgabe

A>
```

Die Fehlermeldung besagt, daß das Laufwerk B noch nicht fertig ist. Anschließend folgt die Frage: engl.: Abort, d.h. Abbruch, engl.: Retry, d.h. Neuer Versuch, engl.: Ignore, d.h. Ignorieren?

In *diesem* Fall wurde ein A für „Abort" (Abbruch) eingegeben. Es wird darauf das MS-DOS-Systembereitschaftszeichen A > ausgegeben, d.h. man kann andere MS-DOS-Kommandos eingeben.

Man kann jedoch auch eine Diskette einlegen und anschließend die R-Taste (R für engl. retry, d.h. neuer Versuch) drücken. Dann wird das vorher eingegebene Kommando noch einmal ausgeführt. Liegt inzwischen eine Diskette im Laufwerk B, wird das Inhaltsverzeichnis der darin liegenden Diskette ausgegeben.

10.4 Bildschirmausgabesteuerung

Auf einer Diskettenseite können pro Seite maximal 64 Dateien gespeichert werden (vgl. Abschnitt 7.2). Wenn mehr als 25 Dateien auf einer Diskette enthalten sind, werden bei der besprochenen Ausgabe auf dem Bildschirm die ersten Dateien oben aus dem Bildschirm „wegrollen", während die nächsten Dateien von unten in den Bildschirm „hineinrollen". Dies ist zum Lesen des Dateiinhaltsverzeichnisses natürlich nicht günstig.

> Mit Hilfe von zwei Parametern läßt sich die Bildschirmausgabe so steuern, daß auch bei mehr als 25 Dateien pro Diskettenseite stets in Ruhe das Disketteninhaltsverzeichnis betrachtet werden kann.

> Mit Hilfe des Parameters/P wird die Bildschirmausgabe angehalten, wenn alle Bildschirmzeilen gefüllt sind.

Wenn man mit der Bildschirmausgabe fortfahren möchte, muß eine beliebige Taste gedrückt werden. Es wird eine neue „Bildschirmseite" ausgegeben und diese wieder so lange angezeigt, bis eine beliebige Taste gedrückt wird usw.

Beispiel 10.7
DIR /P ↵

> Mit Hilfe des Parameters/W wird das Dateiinhaltsverzeichnis komprimierter dargestellt. Auf die Ausgabe der Speicherkapazität, Datum und Uhrzeit zu jeder Datei wird verzichtet. Dafür werden jetzt 5 Dateinamen pro Zeile ausgegeben.

Beispiel 10.8
Komprimierte Darstellung der Ausgabe von Beispiel 10.1.

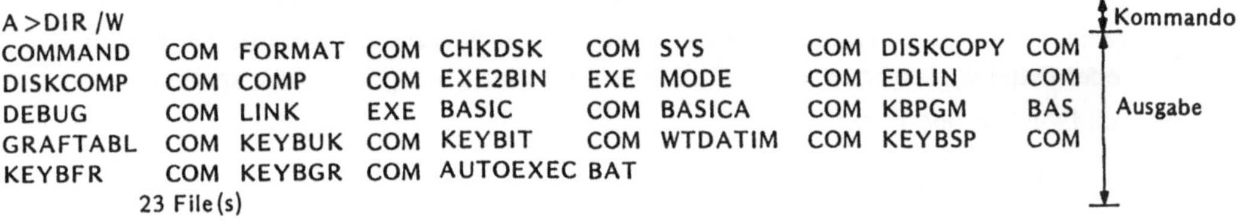

Gibt man keinen der beiden Parameter an, gibt es zwei andere Möglichkeiten, die Bildschirmausgabe anzuhalten.

> Durch Drücken der Tasten
>
> | Ctrl | und | S | oder
>
> | Ctrl | und | NUM LOCK |
>
> kann die Bildschirmausgabe zum Zeitpunkt des Drückens angehalten werden. Möchte man, daß die Bildschirmausgabe fortgesetzt wird, muß eine beliebige Taste gedrückt werden.

10.5 Zusammenfassung

Das DIR-Kommando hat die Aufgabe, das Dateiinhaltsverzeichnis von Disketten auf dem Bildschirm auszugeben, d.h. den Dateihaupt- und ergänzungsnamen, den benötigten Speicherplatz in Byte, das Erstellungsdatum und die Erstellungszeit der Datei.

Das Fahrnetz des DIR-Kommandos ist:

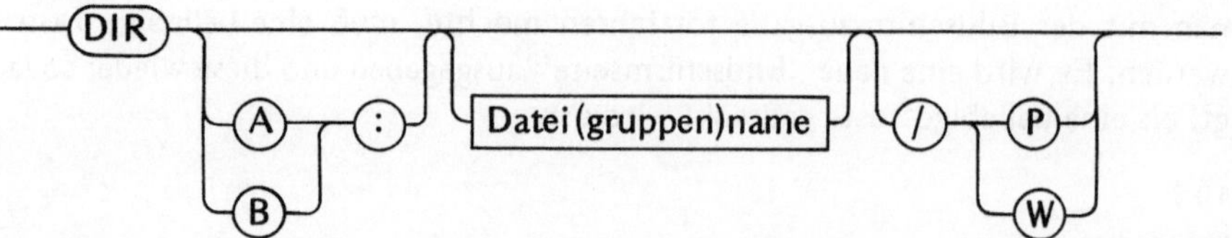

Mit Hilfe von zwei Parametern läßt sich die Bildschirmausgabe so steuern, daß das Disketteninhaltsverzeichnis auch bei mehr als 25 Dateien pro Diskettenseite stets in Ruhe betrachtet werden kann.

- Mit Hilfe des Parameters /P wird die Bildschirmausgabe angehalten, wenn alle Bildschirmzeilen gefüllt sind.
  Durch Drücken einer beliebigen Taste wird die Ausgabe der nächsten Bildschirmseite erreicht usw.

- Mit Hilfe des Parameters /W wird das Dateiinhaltsverzeichnis komprimierter dargestellt. Auf die Ausgabe des benötigten Speicherplatzes, Datum und Uhrzeit zu jeder Datei wird verzichtet. Dafür werden 5 Dateinamen pro Zeile ausgegeben.

Durch Drücken der Tasten

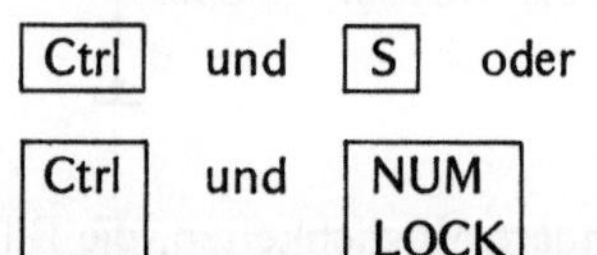

kann die Bildschirmausgabe zum Zeitpunkt des Drückens angehalten werden. Die Ausgabe wird fortgesetzt, wenn eine beliebige Taste gedrückt wird.

10.6 Übungsaufgaben

Die Lösungen der Übungsaufgaben befinden sich in Kap. 26.

Aufgabe 10.1

Es wird davon ausgegangen, daß sich die im Beispiel 10.1 aufgelisteten Dateien auf einer Diskette in Laufwerk A befinden.

Welche Dateien werden bei den folgenden Kommandos ausgegeben?

Nr.	Kommando	Ausgabe
1	DIR*.EXE	
2	DIR DISK????.COM	
3	DIR BSP.BAS	
4	DIR B:BASIC.COM	

Aufgabe 10.2

Wie können Sie sich alle Dateien mit dem Anfangsbuchstaben C von einer Diskette in Laufwerk B auf dem Bildschirm ausgeben lassen (*nur* diese)?

Aufgabe 10.3

Sie kennzeichnen Ihre Briefe, die in Form von Dateien auf Disketten gespeichert sind, mit folgenden Namen:

BFxxxxxx.TXT

Die x stehen für Ziffern. Mit ihnen werden die Briefe laufend durchnumeriert.

Wie können Sie feststellen, wann der 4763. Brief geschrieben wurde?

Aufgabe 10.4

Wie kann man ein umfangreiches Dateiinhaltsverzeichnis bildschirmseitenweise ausgeben?

11 Das CHKDSK-Kommando

11.1 Aufgaben des CHKDSK-Kommandos

> Das CHKDSK-Kommando ist ein Kommando zur Prüfung der Disketten (engl.: <u>ch</u>e<u>ckd</u>i<u>sk</u>). Erkannte Fehler werden ausgegeben.

> Das CHKDSK-Kommando wird jedoch häufiger dazu benutzt, einen sog. „Statusbericht" auszugeben.

Dieser Statusbericht gibt Auskunft über die Nutzung der Diskettenspeicherkapazität und der Arbeitsspeicherkapazität.

11.2 Die allgemeine Form des CHKDSK-Kommandos

> Die allgemeine Form des CHKDSK-Kommandos ist
>
> CHKDSK ⊔ Laufwerksangabe:

Wird das Systemlaufwerk A benutzt, kann die Laufwerksangabe entfallen.

Beispiel 11.1

Im Laufwerk B möge eine Diskette mit folgenden Dateien liegen (Ausgabe mit Hilfe des DIR-Kommandos):

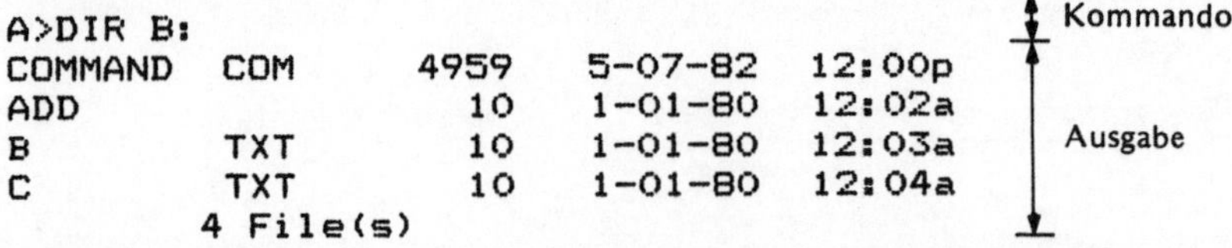

```
A>DIR B:
COMMAND    COM      4959    5-07-82    12:00p
ADD                   10    1-01-80    12:02a
B          TXT        10    1-01-80    12:03a
C          TXT        10    1-01-80    12:04a
           4 File(s)
```

Kommando

Ausgabe

Um den Statusbericht zu erhalten, wird folgendes Kommando eingegeben:

```
A>CHKDSK B:

   322560 bytes total disk space
     9216 bytes in 2 hidden files
     8192 bytes in 4 user files
   305152 bytes available on disk

   262144 bytes total memory
   248208 bytes free
```

Kommando

Ausgabe

11.3 Auskünfte aufgrund des CHKDSK-Kommandos

Der obige Statusbericht gibt somit folgende Auskünfte:

* *Diskettenspeicherkapazität*
  322 560 bytes gesamte Diskettenspeicherkapazität (engl.: total disk space).
  9 216 bytes in zwei versteckten Dateien (engl.: hidden files). Dies sind die Systemdateien IBM BIO.COM und IBM DOS.COM, die in den normalen Dateiinhalts-
  verzeichnissen nicht erscheinen.
  8 192 bytes in 4 Benutzerdateien (engl.: user files) (hier: COMMAND, ADD, B und C).
  305 152 bytes sind somit noch auf der Diskette frei verfügbar (engl.: available on disk).

* *Arbeitsspeicherkapazität*
  262 144 bytes gesamte Arbeitsspeicherkapazität (engl.: total memory).
  248 208 bytes frei für den Benutzer (engl.: free).

* *Fehlermeldung*
  Falls die Diskette Fehler enthält, wird außerdem noch folgende Auskunft gegeben:
  xxxx bytes in bad sectors
  Die x stehen für eine Ziffernfolge.
  Übersetzt bedeutet dies:
  xxxx Bytes in beschädigten Sektoren, d.h. die Diskette ist fehlerhaft, es werden Stö-
  rungen auftreten.

Beispiel 11.2

Es soll der Statusbericht der landesspezifischen DOS-Systemdiskette ausgegeben werden. Die Systemdiskette möge in Laufwerk A liegen. Sie enthält bekanntlich die Dateien:

```
A>
DIR
COMMAND   COM       4959    5-07-82    12:00p      ⟩ Kommando
FORMAT    COM       3816    5-07-82    12:00p
CHKDSK    COM       1720    5-07-82    12:00p
SYS       COM        605    5-07-82    12:00p
DISKCOPY  COM       2008    5-07-82    12:00p
DISKCOMP  COM       1640    5-07-82    12:00p
COMP      COM       1649    5-07-82    12:00p
EXE2BIN   EXE       1280    5-07-82    12:00p
MODE      COM       2509    6-18-82     1:48p
EDLIN     COM       2392    5-07-82    12:00p
DEBUG     COM       5999    5-07-82    12:00p
LINK      EXE      41856    5-07-82    12:00p
BASIC     COM      11392    5-07-82    12:00p     ⟩ Ausgabe
BASICA    COM      16768    5-07-82    12:00p
KBPGM     BAS       3840    8-16-82     3:27p
GRAFTABL  COM       1091    8-15-82     2:12p
KEYBUK    COM       1792    6-24-82     1:45p
KEYBIT    COM       1792    6-24-82     1:45p
WTDATIM   COM       1544    9-07-82     3:28p
KEYBSP    COM       1792    6-24-82     1:46p
KEYBFR    COM       1947    9-03-82     8:43a
KEYBGR    COM       1835    8-06-82     8:14a
AUTOEXEC  BAT        128    1-01-80    12:08a
        23 File(s)                                ⟩ Kommando
A>CHKDSK

    160256 bytes total disk space
      8704 bytes in 2 hidden files
    120320 bytes in 23 user files               ⟩ Statusbericht der
     31232 bytes available on disk                 landesspezifischen
                                                    DOS-Systemdiskette
    262144 bytes total memory
    248208 bytes free
```

> **Der Speicherplatzbedarf jeder einzelnen Datei wird, wie das Beispiel zeigt, mit Hilfe des DIR-Kommandos ausgegeben.**

Die Zahl, die direkt auf den Dateinamen im Dateiinhaltsverzeichnis folgt, gibt den Speicherplatzbedarf der jeweiligen Datei in Bytes an. Ihre *Summe* muß die im Statusbericht angegebene Bytezahl für 23 Benutzerdateien (user files) sein.

> **Mit Hilfe des CHKDSK-Kommandos werden somit Aussagen hinsichtlich der Gesamtspeicherausnutzung der Diskette bzw. des Arbeitsspeichers gemacht.**

11.4 Zusammenfassung

Das CHKDSK-Kommando dient zur Prüfung von Disketten. Dazu wird ein Statusbericht ausgegeben, der auch bei fehlerfreien Disketten nützliche Angaben über die
Nutzung der Speicherkapazität auf Disketten und Arbeitsspeicher macht.

Das Fahrnetz des CHKDSK-Kommandos ist:

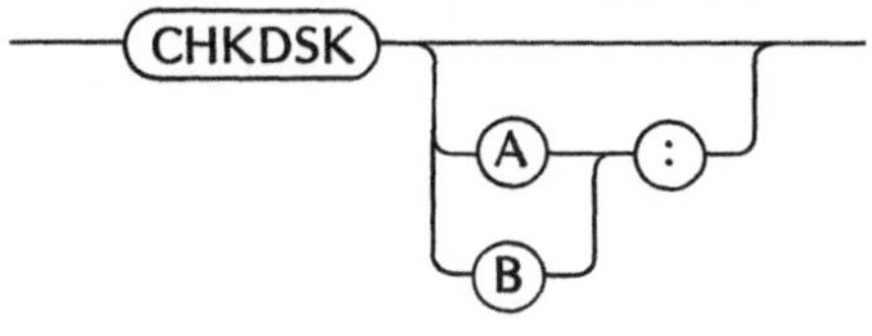

11.5 Übungsaufgaben

Die Lösungen der Übungsaufgaben befinden sich in Kap. 26.

Aufgabe 11.1
Sie möchten wissen, wieviel frei verfügbarer Speicherplatz noch auf einer Diskette ist.
Wie lautet dazu der englische Bildschirmausgabetext bei Verwendung des CHKDSK-
Kommandos?

Aufgabe 11.2
Sie möchten wissen, wieviel frei verfügbare Arbeitsspeicherkapazität noch vorhanden
ist. Wie lautet dazu der englische Bildschirmausgabetext bei Verwendung des CHKDSK-
Kommandos?

12 Das EDLIN-Kommando

Der Editor ist ein wichtiges Hilfsprogramm des MS-DOS-Betriebssystems.

> **Mit Hilfe des Editors können**
> - Dateien neu erstellt werden und
> - Dateien geändert werden.

Dazu dienen verschiedene Editor-Befehle. Befehle werden hier als Untermenge des Editor-Kommandos verstanden.

Die neu zu erstellenden oder zu ändernden Dateien sind beliebige *Text*dateien, d.h. sie sind Folgen von ASCII-Zeichen (Zeichenvorrat der Eingabetastatur) wie Briefe, Rechnungen, Programme in problemorientierten Programmiersprachen usw. Derartige Textdateien werden vom Anwender mit Hilfe des Editors *erstellt*. Sie müssen aber auch, bei inhaltlichen Fehlern, *verändert* werden können. Dazu dient ebenfalls der Editor.

Der Editor wird mit Hilfe des EDLIN-*Kommandos* von der Systemdiskette in den Arbeitsspeicher des Mikrocomputers geladen. Er befindet sich unter dem Dateinamen EDLIN.COM als ausführbares Programm auf der Systemdiskette. Mit Hilfe des DIR-Kommandos (vgl. Abschnitt 10.2, Beispiel 10.1) kann überprüft werden, ob der Editor tatsächlich auf der Systemdiskette vorhanden ist. Ist dies der Fall, kann der Editor aufgerufen und in den Arbeitsspeicher geladen werden.

12.1 Aufruf des Editors von der Systemdiskette im Systemlaufwerk A

Bevor der Editor mit seinen Eigenschaften vom Anwender eingesetzt werden kann, muß er von der Systemdiskette im Systemlaufwerk in den Arbeitsspeicher des Mikrocomputers geladen werden. Dazu muß natürlich die Systemdiskette im Systemlaufwerk A liegen und das MS-DOS-Betriebssystem bereit sein, d.h. es muß das Systembereitschaftszeichen A > auf dem Bildschirm zu sehen sein. Ist dies nicht der Fall, muß zunächst das MS-DOS-Betriebssystem gestartet werden (vgl. Kap. 6) und anschließend die Ausgabe des Systembereitschaftszeichen A > abgewartet werden.

> **Der Editor wird mit folgendem Kommando aufgerufen und in den Arbeitsspeicher des Mikrocomputers geladen:**
>
> EDLIN ⊔ LW: Dateiname ↵

Hierbei ist:

> — EDLIN das Schlüsselwort zum Aufruf des Editors. Der Dateiergänzungsname COM darf nicht zusammen mit dem Dateihauptnamen EDLIN eingegeben werden, obwohl dies der vollständige Dateiname des Editors wäre (vgl. Abschnitt 10.2, Beispiel 10.1). Versucht man dies dennoch, so wird erneut das Systembereitschaftszeichen A > ausgegeben. Die Ausführung des Kommandos wird somit verweigert. Man kann anschließend den Editor korrekt aufrufen.
>
> — LW steht hier stellvertretend für die Laufwerksangabe A bzw. B. Die Laufwerksangabe A *kann* auch entfallen, wenn das Systemlaufwerk A benutzt wird.
>
> Da man mit dem Editor Daten *auf* die Diskette bringen möchte, also die Diskette „beschreiben" möchte, darf die Diskette in dem angegebenen Laufwerk *nicht schreibgeschützt* sein.

Fehlermeldungen:

— Vergißt man das Leerzeichen zwischen dem Schlüsselwort EDLIN und der Laufwerksangabe, so wird folgende Fehlermeldung ausgegeben:

```
Bad command or file name
A >
```

Der Mikrocomputer stellt somit fest, daß entweder das Kommandowort (engl.: command) oder der Dateiname (engl.: file name) formal falsch (engl.: bad) ist, da das Trennungszeichen fehlt.

— Der Dateiname besteht bekanntlich aus einem Dateihauptnamen und einem Dateiergänzungsnamen (vgl. Abschnitte 8.3 und 8.4). Der Dateiergänzungsname kann entfallen.

Wird überhaupt kein Dateiname angegeben, so erfolgt die Ausgabe der Fehlermeldung

```
File name must be specified
```

d.h. der Dateiname muß spezifiziert werden. Die Eingabe eines Dateinamens ist somit *zwingend* notwendig, gleichgültig, ob eine Datei *neu* erstellt werden soll oder eine *alte* Datei geändert werden muß.

Liegt die Systemdiskette beim Aufruf des Editors nicht im Systemlaufwerk A, sondern fälschlicherweise im Laufwerk B, so wird beim Aufruf des Editors in der vorher geschilderten Weise die Fehlermeldung ausgegeben:

```
Not ready error reading drive A
Abort, Retry, Ignore?
```

d.h. beim Versuch, vom Laufwerk A die Datei EDLIN-COM in den Arbeitsspeicher zu übertragen, wird festgestellt, daß es nicht „fertig" (engl.: not ready) ist, da die Systemdiskette fehlt. Der Mikrocomputer bietet 3 Möglichkeiten fortzufahren:

Abort — Abbruch
Retry — Erneuter Versuch
Ignore — Ignorieren, nicht zur Kenntnis nehmen.

Gibt man den Buchstaben A̲ als Kurzform für „A̲bort" ein, erscheint wieder das Systembereitschaftszeichen A >, d.h. man muß nach dem Abbruch das EDLIN-Kommando *neu*
eingeben. Dies ist umständlich.

Legt man jedoch die DOS-System-Diskette nach der Fehlermeldung von Laufwerk B in
Laufwerk A, kann man durch Eingabe des Buchstabens R für „R̲etry" einen neuen Versuch starten, den Editor aufzurufen, *ohne* das EDLIN-Kommando neu eingeben zu
müssen.

Bei *richtigem* Aufruf des Editors leuchtet die Lampe des Laufwerkes A auf (Systemlaufwerk) und zeigt damit den Ladevorgang von der Diskette zum Arbeitsspeicher an. Ist der
Ladevorgang beendet, erlischt die Lampe.

**Der Editor zeigt seine Bereitschaft zum Editieren mit dem Editor-Bereitschafts-
zeichen (editor's prompt)**

*****

an.

Der Editor wartet nun auf die Eingabe eines Editor-Befehls.

12.2 Einrichten neuer Dateien

**Wenn Daten in eine neu eingerichtete Datei eingegeben werden sollen, so ist der
Dateiname im EDLIN-Kommando**

EDLIN ⌴ LW: Dateiname ↵

gleichzeitig der Name der neu zu erzeugenden Datei.

Der Dateiname kann allein aus dem Dateihauptnamen bestehen. Zweckmäßig ist es jedoch,
einen Ergänzungsnamen hinzuzufügen (vgl. Abschnitt 8.4). Der Editor richtet eine neue,
noch leere Quelldatei mit dem angegebenen Dateinamen ein und eröffnet sie. Dem Anwender wird dies durch folgende Bildschirmausgabe mitgeteilt:

NEW FILE   (neue Datei)

*****   (Bereitschaftszeichen des Editors)

Außerdem richtet der EDITOR automatisch eine *Hilfsdatei* zum Zwischenspeichern der
Eingaben mit dem Dateinamen

Dateiname.$$$

ein.

Beispiel 12.1

Im Laufwerk A möge die Systemdiskette liegen, das MS-DOS-Betriebssystem sei gestartet. Es soll eine neue Datei ADD.BAS auf der Systemdiskette in Laufwerk A angelegt werden (Schritt 1 der folgenden Tabelle). Anschließend wird ohne jegliche Eingabe ein Bearbeitungsabbruch herbeigeführt (Schritt 2). Daraufhin wird mit Hilfe des DIR-Kommandos geprüft, ob die beabsichtigte Erstellung einer neuen Datei auf der Diskette trotz Abbruch schon registriert wurde (Schritt 3).

Schritt	DOS-System-bereitschafts-zeichen	Eingabe	Ausgabe
1	A >	EDLIN ⎵ ADD.BAS ↵	NEW FILE *
2		Abbruch durch Aus-schalten des Systems und anschließendes Einschalten (sog. Kalt-start) bzw. Warm-start.	A >
3	A >	DIR ↵	Ausgabe des Dateiinhaltsverzeichnisses der Diskette in Laufwerk A. Es erscheint hier die Liste der bekannten MS-DOS-Dateien, die standardmäßig auf der Systemdiskette sind (vgl. Abschnitt 10.2, Beispiel 10.1), sowie *zusätzlich* die vom Anwender eingerichtete Datei ADD.$$$.

Dieses Beispiel zeigt, daß vom Editor aufgrund des EDLIN-Kommandos auf der Systemdiskette die neue Datei ADD.$$$ eingerichtet wurde. Sie ist allerdings noch leer, da noch keine weiteren Eingaben erfolgten. Dies erkennt man auch an der benötigten Speicherkapazität für diese Datei auf der Diskette, die $\emptyset$ Bytes beträgt (siehe Ausgabeliste aufgrund des DIR-Kommandos). Der Dateiergänzungsname $$$ gibt zu erkennen, daß es sich um eine Zwischen- bzw. Hilfsdatei handelt, die beim Aufrufen des Editors eingerichtet wird (vgl. Abschnitt 8.4).

Erst nach *Abschluß* der Dateieingabe mit Hilfe des Editor-Befehls E ↵ wird die Hilfsdatei ADD.$$$ umbenannt in ADD.BAS. Diese Umbenennung findet auch statt, wenn *keine* Daten eingegeben wurden, jedoch der Editor-Befehl E ↵ gegeben wurde.

Der Editor-Befehl E ↵ dient dazu, den Editiervorgang zu beenden. Dabei werden die Dateien auch geschlossen (vgl. Abschnitt 12.8).

Nachteilig ist an diesem Beispiel, daß die neu einzurichtende Datei auf der Systemdiskette eingerichtet wird. Sie besitzt wegen der ladbaren Systemkommandos vielfach nicht mehr ausreichend Speicherkapazität.

Außerdem sollte die Systemdiskette zum Schutz vor unbeabsichtigtem Löschen „schreibgeschützt" sein. Dies ist aber nicht möglich, wenn auf der Systemdiskette Dateien gespeichert werden sollen.

Günstiger wäre es somit, wenn die mit Hilfe des Editors erzeugten neuen Dateien auf einer reinen *Anwenderdiskette* im Laufwerk B gespeichert würden, während die Systemdiskette im Laufwerk A liegt.

Dies ist auch möglich, wenn dem Dateinamen eine entsprechende Laufwerksangabe vorangestellt wird. Die allgemeine Form dafür ist:

> EDLIN ⊔ B: Dateiname ↵

Beispiel 12.2

Es soll der gleiche Vorgang beobachtet werden wie in Beispiel 12.1, nur mit dem Unterschied, daß das andere Laufwerk (Laufwerk B) benutzt wird.

DOS-System-bereitschafts-zeichen	Eingabe	Ausgabe
A >	EDLIN ⊔ B:ADD.BAS ↵	NEW FILE *
	Abbruch und Kaltstart bzw. Warmstart	Meldung des DOS-Betriebssystems.
A >	DIR ↵	Ausgabe des Dateiinhaltsverzeichnisses aller DOS-Dateien von der Systemdiskette in Laufwerk A.
A >	DIR B: ↵	Ausgabe des Dateiinhaltsverzeichnisses der vorher leeren aber formatierten Diskette in Laufwerk B. Sie enthält nun folgende Datei: ADD.$$$ und, falls beim Formatieren das System mit kopiert wurde, COMMAND.COM.

12.3 Eingabe von Daten in neue Dateien

> **Zur Eingabe von Daten in eine neue Datei wird der Editor Befehl**
>
> **I** ↵
>
> **verwendet.**

I ist die Kurzform für das englische Wort „insert", d.h. „einfügen" von neuen Zeichen in eine Datei, hier in eine neue Datei.

Anschließend folgt die zeilenweise Eingabe der einzugebenden Daten. Jede Zeile muß mit der Eingabe-Taste ↵ abgeschlossen werden.

Der Mikrocomputer gibt automatisch nach Drücken der Taste ↵ die jeweils folgende Zeilennummer aus, gefolgt von einem Doppelpunkt und einem Stern.

> **Soll die Eingabe beendet werden, müssen die Tasten**
>
> Ctrl und Break
>
> **gleichzeitig gedrückt werden.**

Dies ist das Steuerzeichen zur *Beendung des Eingabevorgangs.*
Auf dem Bildschirm erscheint es als ∧ C.

Erst nach Eingabe dieses Steuerzeichens können wieder *andere* Editor-Befehle vom Editor bearbeitet werden. Die Beendung der Eingabe wird auch für den Anwender äußerlich sichtbar durch die Ausgabe des Editor-Bereitschaftszeichens * (editor's prompt).

Möchte man die Eingabedateien, die sich z.Z. noch im Arbeitsspeicher des Mikrocomputers befinden, auf der im EDLIN-Kommando genannten Diskette unter dem dort ebenfalls angegebenen Namen speichern, kann der Editor-Befehl

    E ↵

eingegeben werden.

Somit ergibt sich für die Eingabe von Datenzeilen in eine neue Datei folgende allgemeine Befehlsfolge:

    I ↵
    Eingabedatenzeile 1 ↵
    Eingabedatenzeile 2 ↵
    .
    .
    .
    Eingabedatenzeile n ↵
    | **Ctrl** | **Break** |
    E ↵

Mit Hilfe von | CTRL | BREAK | wird der Eingabe- bzw. Einfügemodus beendet und der Editor wieder in den Ausgangszustand versetzt, d.h. es können anschließend beliebige Editor-Befehle eingegeben werden.

Beispiel 12.3
Eingabe eines Programmes

Systembereit-schaftszeichen	Kommandoeingabe	Editiervorgang	
		Ausgabe des Systems	Editorbefehle und Dateizeileneingabe
A >	EDLIN ⊔ B:ADD.BAS ↵	NEW FILE	
		*	I ↵
		1:*	1∅ ⊔ INPUT ⊔ A,B ↵
		2:*	2∅ ⊔ C=A+B ↵
		3:*	3∅ ⊔ PRINT ⊔ A,B,C ↵
		5:*	4∅⊔ STOP ↵
		6:∧C	5∅⊔ END ↵
		*	| Ctrl | Break |
			E ↵

Erläuterung:

Es soll ein BASIC-Programm mit dem Dateihauptnamen ADD (für Addition) und dem Ergänzungsnamen BAS (für BASIC) erzeugt und auf der Diskette in Laufwerk B gespeichert werden (Kommando EDLIN ␣ B:ADD.BAS ↵). Da die Datei auf der Diskette in Laufwerk B noch nicht vorhanden war, erscheint die Ausgabe NEW FILE und das Editorbereitschaftszeichen *.

Nun können sog. Editor-Befehle eingegeben werden. Einer dieser Befehle ist der I-Befehl zum *Einfügen* von Daten. Schließt man diesen Befehl mit der Eingabe-Taste ↵ ab, so wird eine *zeilenweise* Eingabe erwartet. (Es gibt auch eine *zeichenweise* Eingabe, die später besprochen wird (vgl. Abschnitt 12.5.4.5), da sie für die Erzeugung neuer Dateien nicht verwendet wird). Dies wird durch die Ausgabe der ersten Zeilennummer, gefolgt von einem Doppelpunkt und einem Stern, auf dem Bildschirm angedeutet.

Jede Eingabezeile ist wie gewohnt durch Drücken der Eingabe-Taste ↵ zu beenden. Die nächste Zeilennummer erscheint (gefolgt vom Doppelpunkt und Stern) usw.

Soll die Eingabe beendet werden, müssen zunächst die Tasten CTRL BREAK gedrückt werden (Tasten CTRL und BREAK gleichzeitig drücken). Auf dem Bildschirm erscheinen die Zeichen ∧ C, die der Eingabe CTRL BREAK auf dem Bildschirm entsprechen.

Es meldet sich wieder der Editor mit seinem Bereitschaftszeichen *, d.h. es wird die Eingabe eines neuen Editor-Befehls erwartet.

Das BASIC-Programm, das z. Z. noch im Arbeitsspeicher des Mikrocomputers steht, soll auf der Diskette in Laufwerk B gespeichert werden. Dazu muß das Editor-Kommando E ↵ eingegeben werden. Nach Drücken dieser Tasten leuchtet die Kontrollampe des Laufwerkes B auf. Dies ist das sichtbare Zeichen, daß Daten übertragen werden.

Anschließend meldet sich wieder das DOS-Betriebssystem mit dem Bereitschaftszeichen A >.

Zur Prüfung, ob die Dateien auch wirklich vorhanden sind, kann das Kommando
DIR ␣ B: ↵ eingegeben werden. Es wird das Dateiinhaltsverzeichnis der Diskette in
Laufwerk B ausgegeben, das den Dateinamen ADD.BAS enthält. Die Zwischendatei
ADD.$$$ existiert somit nach Abschluß der Eingabe einer neuen Datei nicht mehr.

An dieser Stelle soll noch einmal ein *Original*ausdruck für das Beispiel 12.3 angegeben
werden, der alle Ein- und Ausgaben zusammenfaßt.

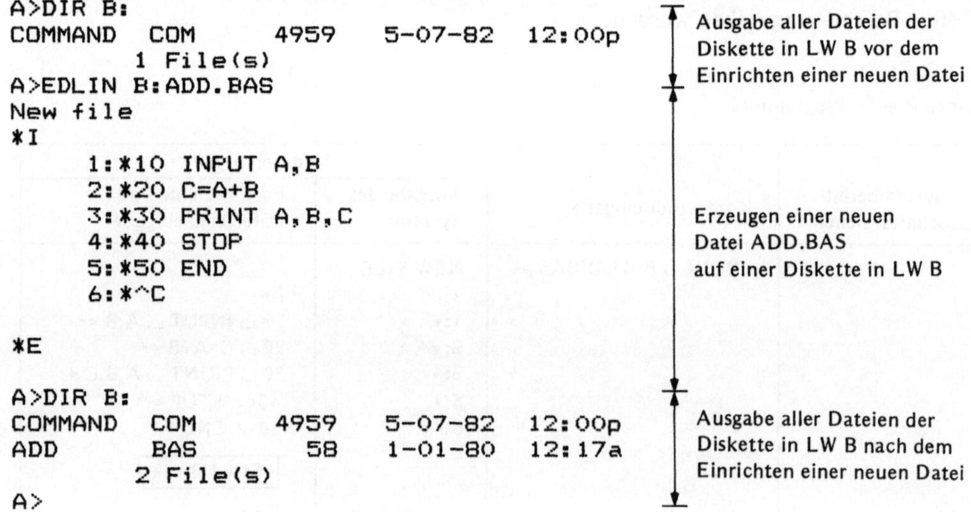

12.4 Verlassen des Editors

Gleichgültig, ob man mit Hilfe des Editors Dateien neu erstellt oder ändert, der Editiervorgang muß gezielt beendet werden. Damit wird das Editor-Programm verlassen. Anschließend meldet sich das MS-DOS-Betriebssystem mit dem bekannten Bereitschaftszeichen, d.h. man kann weitere MS-DOS-Kommandos bearbeiten lassen.

Der Editor bietet zwei Möglichkeiten, ihn zu verlassen. Beide Möglichkeiten werden anschließend näher erläutert.

12.4.1 Verlassen des Editors mit Übernahme der Eingaben bzw. Änderungen

Wird der Editor mit dem Editor-Befehl

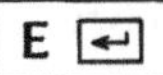

verlassen, so werden alle während des Editierens erfolgten Eingaben und Änderungen übernommen.

Der Schlüsselbuchstabe E steht für engl.: end.

Die Datei wird dabei abgeschlossen (vgl. Abschnitt 12.8).

Anschließend ist das System wieder bereit, MS-DOS-Kommandos zu bearbeiten.

Diese Art des Verlassens des Editors wird der übliche Fall sein, denn Ziel des Editierens ist ja das Erstellen bzw. Ändern einer Datei.

Der Editor-Befehl E ⏎ wurde schon im vorangegangenen Abschnitt eingesetzt, so daß hier auf weitere Beispiele verzichtet werden soll.

Da Dateien durch neue Eingaben bzw. Änderungen i.a. umfangreicher werden, sollte man stets prüfen, ob dafür auf der Diskette genügend Speicherplatz zur Verfügung steht. Ist dies nicht der Fall, ginge ein Teil verloren.

12.4.2 Verlassen des Editors ohne Übernahme der Eingaben bzw. Änderungen

Wird der Editor mit dem Editor-Befehl

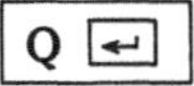

verlassen, so werden die während des Editierens erfolgten Eingaben und Änderungen *nicht* übernommen.

Der Schlüsselbuchstabe Q steht für engl. quit.

Dieser Fall wird selten vorkommen, denn er widerspricht dem Ziel des Editierens, dem Erstellen bzw. Ändern von Dateien.

Es kann jedoch Gründe geben, die einen entsprechenden Abbruch notwendig werden lassen.

Ein Beispiel dafür ist z.B. der Fall, daß einem während des Editierens einfällt, daß man vorher ein anderes MS-DOS-Kommando ausführen lassen möchte. In einem derartigen Fall muß das Verlassen des Editors ohne Übernahme der bereits erfolgten Änderungen möglich sein.

Nach dem Verlassen des Editors mit Hilfe des Q-Befehls ist das MS-DOS-Betriebssystem nicht sofort bereit, neue Kommandos zu bearbeiten.

Die Eingaben und Änderungen erfordern i.a. viel Arbeit. Diese Arbeit kann durch eine versehentliche Eingabe des Editor-Befehls Q schnell zunichte gemacht werden.

Aus Sicherheitsgründen wird der Benutzer noch um eine zusätzliche Eingabe gebeten, die den gewünschten Abbruch des Editiervorgangs bestätigt. Sie lautet:

> **Abort edit (Y/N)?**

d.h.: Wollen Sie den Editor verlassen? Wenn ja, geben Sie ein Y (für engl.: Yes) ein, sonst ein N (für engl.: No).

- Gibt man ein Y ein, wird der Editor endgültig ohne Übernahme der Eingaben bzw. Änderungen verlassen. Außerdem ist die Sicherungsdatei mit dem Dateiergänzungsnamen BAK vernichtet (vgl. Abschnitt 12.7).
- Gibt man ein N ein, kann mit dem Editieren fortgefahren werden. Der Editorbefehl wird somit ignoriert.

12.5 Änderung von vorhandenen Dateien

Bei Änderungen vorhandener Dateien müssen folgende Aufgaben bewältigt werden:

- Quelldateien von der Diskette in den Arbeitsspeicher bringen.
- Anzeigen von Dateizeilen- und Dateibereichen.
- Änderungen vornehmen.
- Geänderte Datei vom Arbeitsspeicher auf die Diskette bringen.
- Editiervorgang beenden (vgl. Abschnitt 12.4).

Für diese prinzipiellen Aufgaben existieren entsprechende Editor-Befehle.

12.5.1 Quelldatei von der Diskette in den Arbeitsspeicher bringen

Ist das MS-DOS-Betriebssystem bereit (MS-DOS-Systembereitschaftszeichen A >), so wird, wie bereits bekannt, der Editor gestartet mit dem Kommando:

> EDLIN ⌴ Laufwerksangabe: Dateiname ↵   .

Die angegebene Datei wird automatisch von der Diskette in den Arbeitsspeicher geladen, bis er zu 75 % gefüllt ist.

Wenn die Datei zu umfangreich ist, um insgesamt in den verfügbaren Arbeitsspeicher zu passen, müssen nach den eventuellen erforderlichen Änderungen in diesem Dateibereich n korrigierte Dateizeilen wieder auf die Diskette zurückgespeichert werden (Kommando „nW"). Dadurch wird im verfügbaren Arbeitsspeicher wieder Platz geschaffen. Anschließend kann man mit Hilfe des Kommandos „nA" n Datenzeilen an das Ende der schon im Arbeitsspeicher befindlichen Datei anhängen. Der Anwender erfährt durch die Bildschirmausgabe „End of input file", d.h. „Ende der Eingabedatei", wenn das Ende der Datei erreicht ist.

Dieses „Nachladen" wird in Abschnitt 12.6 eingehend beschrieben.

Beispiel 12.4

Es soll das in Abschnitt 12.3 erzeugte BASIC-Programm ADD.BAS (Beispiel 12.3) von der Diskette in Laufwerk B in den Arbeitsspeicher übertragen werden. Das Kommando lautet:

Bereit-schafts-zeichen	Kommando	Erläuterung
A >	EDLIN ⌴ B:ADD.BAS ↵	Aufruf und Start des Editors von der Systemdiskette in Laufwerk A. Aktivierung des Laufwerkes B, in dem sich die Diskette mit der Datei ADD.BAS befindet. Übertragung der Datei ADD.BAS von der Diskette in Laufwerk B in den Arbeitsspeicher.

12.5.2 Anzeigen von Dateizeilen und Dateibereichen auf dem Bildschirm mit Hilfe des L-Befehls

Um Änderungen am Dateiinhalt vornehmen zu können, ist es wichtig, den Inhalt bestimmter Dateizeilen bzw. den Inhalt von Dateizeilenbereichen während des Editierens auf dem Bildschirm ausgeben zu können.

Für diesen Zweck gibt es einen speziellen Editor-Befehl. Er lautet:

Befehl	Erläuterung
n_1, n_2 L ↵	Der Schlüsselbuchstabe L steht für engl.: LIST, d.h. hier: Ausgabe auf dem Bildschirm. n_1 und n_2 sind die Zeilennummern einer Datei (das sind die Nummern, die bei der Neueingabe automatisch *vor* die Dateizeilen gesetzt werden, vgl. Abschnitt 12.3). Mit Hilfe dieses Editor-Befehls werden von einer Datei alle Zeilen ab Zeilennummer n_1 bis Zeilennummer n_2 auf dem Bildschirm ausgegeben.

Varianten:

Befehl	Erläuterung
, n_2 L ↵	Es werden alle Dateizeilen ab der 11-Zeile vor der z.Z. laufenden Zeile[1] bis zur Dateizeile n_2 aufgelistet.
n_1, L ↵ oder n_1 L ↵	Es werden 23 Dateizeilen, beginnend bei der Dateizeile n_1, aufgelistet.
L ↵	Es werden 23 Dateizeilen der Datei aufgelistet, und zwar 11 Zeilen vor der z.Z. laufenden Zeile[1], die laufende Zeile selbst und 11 Zeilen hinter der laufenden Zeile.

---

[1] Unter einer laufenden Zeile versteht man die Zeile, in der die letzte Änderung der Datei erfolgte. Sie ist äußerlich dadurch erkennbar, daß zwischen der ausgegebenen Zeilennummer und dem ersten Textzeichen der Zeile ein Stern ∗ eingefügt ist.
Beispiel: 1∅: ∗ Laufende Zeile

Beispiel 12.5

Es soll das BASIC-Programm von Abschnitt 12.3 (Beispiel 12.3), das auf einer Diskette gespeichert wurde, in den Arbeitsspeicher des Mikrocomputers geladen werden. Anschließend sollen Bereiche der Datei aufgelistet werden. Dazu dienen folgende Befehle:

Kommandoeingabe und Dateiausgabe	Erläuterungen

`*1,L`
`    1:*10  INPUT A,B`
`    2: 20  C=A+B`
`    3: 30  PRINT A,B,C`
`    4: 40  STOP`
`    5: 50  END`
	Ausgabe von 23 Dateizeilen ab Dateizeile 1. D.h. hier wegen der Kürze des Programms: Ausgabe aller Dateizeiten bis zum Dateiende.

`*2,4L`
`    2: 20  C=A+B`
`    3: 30  PRINT A,B,C`
`    4: 40  STOP`
	Ausgabe aller Dateizeilen von Dateizeile 2 bis 4.

`*1,3L`
`    1:*10  INPUT A,B`
`    2: 20  C=A+B`
`    3: 30  PRINT A,B,C`
	Ausgabe aller Dateizeilen von Dateizeile 1 bis 3.

`*3L`
`    3: 30  PRINT A,B,C`
`    4: 40  STOP`
`    5: 50  END`
	Ausgabe von 23 Dateizeilen ab Dateizeile 3. D.h. hier: Ausgabe aller Zeilen bis zum Dateiende ab Dateizeile 3.

`*L`
`    1:*10  INPUT A,B`
`    2: 20  C=A+B`
`    3: 30  PRINT A,B,C`
`    4: 40  STOP`
`    5: 50  END`
	Ausgabe von 11 Zeilen vor und 11 Zeilen nach der laufenden Zeile. Die laufende Zeile ist hier die Zeile 1, gekennzeichnet durch den Stern * hinter der Zeilennummer. Bei kurzen Programmen hat dieses Kommando den Effekt, daß alle Dateizeilen ausgegeben werden.

12.5.3 Anzeigen von Dateizeilen auf dem Bildschirm mit Hilfe des Zeilenaufbereitungsbefehls

> **Gibt man nur eine Zahl ein, so wird nur diese Dateizeile angezeigt.**
> **Die allgemeine Form ist:**
>
> n ⏎
>
> **n steht symbolisch für eine Zeilennummer.**

Dies ist eigentlich der *Zeilenaufbereitungsbefehl*, d.h. der Befehl für eine nachfolgende Aufbereitung (Korrektur) der Eingabezeile, die angezeigt wird. Die Aufbereitung erfolgt mit Hilfe sog. MS-DOS-Aufbereitungstasten (vgl. Abschnitt 12.5.4 und folgende Kapitel). Er kann aber auch, wie hier, zur Ausgabe bestimmter Zeilen herangezogen werden oder aber auch, um die Position der *laufenden Zeile* zu verändern.

Beispiel 12.6

Es wird vom geladenen BASIC-Programm in Beispiel 12.5 ausgegangen.

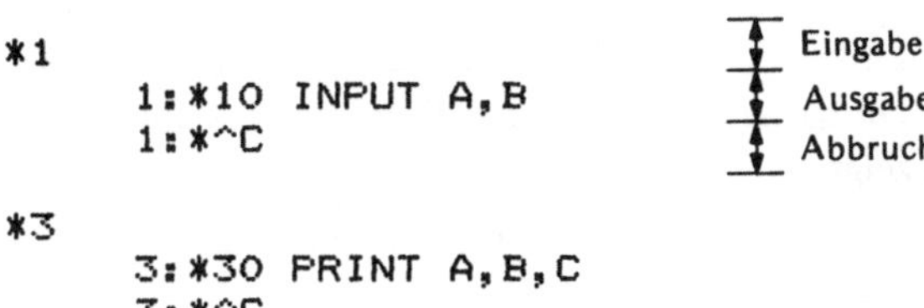

```
*1
     1:*10  INPUT A,B
     1:*^C

*3
     3:*30  PRINT A,B,C
     3:*^C

*5
     5:*50 END
     5:*^C
```


> **Möchte man nach einer Ausgabe einer Dateizeile mit Hilfe des Zeilenaufbereitungs-befehls eine andere Dateizeile anzeigen, so sind vorher die Tasten [Ctrl] und [Break] gleichzeitig zu drücken. Dies ist notwendig, da eigentlich nach Eingabe des Zeilen-aufbereitungsbefehls eine entsprechende Zeilenaufbereitung (Änderung) erwartet wird. Ist dies jedoch nicht der Fall, muß ein Abbruch des Zeilenaufbereitungs-befehls eingeleitet werden. Dies geschieht durch Drücken der Tasten [Ctrl] und [Break].**

12.5.4 Änderungsmöglichkeiten von Dateien

Folgende Änderungswünsche muß der EDITOR mindestens erfüllen:

- Ersetzen, Löschen und Einfügen von *Zeichen* in Dateizeilen.
- Löschen und Einfügen ganzer Datei*zeilen*.

Damit ließen sich die elementarsten Änderungswünsche des Anwenders erfüllen.

Weitere Änderungsmöglichkeiten machen das Ändern noch komfortabler, wie z.B.:

- Austauschen von Zeichen bzw. bestimmten Folgen von Zeichen gegen ein anderes Zeichen bzw. eine andere Folge von Zeichen in der *gesamten* Datei.
- Suchen ganz bestimmter Zeichen bzw. Zeichenfolgen und dergleichen.

Die hier angegebenen Änderungsmöglichkeiten sollen im folgenden eingehend besprochen werden.

12.5.4.1 MS-DOS-Aufbereitungstasten

Zur einfachen Änderung von *Zeichen* in Dateizeilen sind sog. MS-DOS-Aufbereitungsta-sten auf der Tastatur des Mikrocomputers vorgesehen. Dies sind die Funktionstasten [F 1] bis [F 5].

Sie haben folgende Bedeutung:

Taste	Bedeutung
F 1	*Ein* Zeichen wird aus der laufenden Zeile einer Datei kopiert und in einer neuen Zeile angezeigt.
F 2 X	*Alle* Zeichen werden *bis* zum angegebenen Zeichen (hier durch X symbolisiert) in eine neue Zeile kopiert.
F 3	Alle übrigen Zeichen hinter der letzten Bearbeitungsstelle in der laufenden Zeile werden bis zum rechten Bildschirmrand kopiert.
F 4 X	Alle Zeichen werden bis zum angegebenen Zeichen (hier durch X symbolisiert) gelöscht.
F 5	Die laufende Zeile einer Datei wird vollständig übernommen. Ein weiteres Editieren ist möglich.

Die Funktionstasten F 1 bis F 5 können somit erst eingesetzt werden, wenn die zu ändernde Dateizeile (laufende Zeile) vorliegt. Dies geschieht mit Hilfe des bekannten Zeilenaufbereitungsbefehls (vgl. Abschnitt 12.5.3).

Die eigentliche Änderung der Zeichen in der laufenden Zeile erfolgt mit folgenden Tasten:

Taste	Bedeutung
DEL	Ein Zeichen löschen (engl.: <u>del</u>ete).
INS	Ein Zeichen einfügen (engl.: <u>ins</u>ert).
ESC	Zeile löschen.

Den Einsatz des Zeilenaufbereitungsbefehls zusammen mit den MS-DOS-Aufbereitungstasten zum Ändern von Zeichen in Dateizeilen zeigen die nächsten drei Abschnitte ausführlich.

12.5.4.2 Ersetzen von Zeichen durch andere Zeichen in Dateizeilen

Eine häufig notwendige Korrektur-Aufgabe besteht darin, Zeichen einer Datei gegen andere Zeichen auszutauschen, da man sich verschrieben hat. Dies läßt sich mit Hilfe der MS-DOS-Aufbereitungstasten einfach bewerkstelligen. Die folgende Tabelle zeigt, wie man schrittweise zum gewünschten Ziel gelangt.

Schritt	Tasten	Erläuterung
1	F1 oder F2 Zeichen	Zunächst müssen von einer Zeile alle die Zeichen übernommen werden, die korrekt sind. Dazu gibt es zwei Möglichkeiten: 1. Die Funktionstaste F1 wird so oft gedrückt, wie korrekte Zeichen in der Zeile vorhanden sind. Die Kontrolle, damit man nicht zu häufig die Taste drückt, fällt leicht, da in einer weiteren Zeile je Tastendruck ein Zeichen kopiert wird. Man drückt die F1-Taste somit so lange, *bis* das falsche Zeichen erscheinen sollte. 2. Die Funktionstaste F2 und die Taste des ersten zu ersetzenden Zeichens werden nacheinander gedrückt. Dadurch wird die gesamte Zeile *bis* zum ersten zu ersetzenden Zeichen kopiert (das zu ersetzende Zeichen selbst wird nicht kopiert).
2	Zeichen	Es wird die Taste des Zeichens gedrückt, das das alte zu ersetzende Zeichen ersetzen soll. Es können auch mehrere Zeichen auf diese Weise ersetzt werden.
3	F3	Sind alle Zeichen ersetzt, wird die Funktionstaste F3 gedrückt. Dadurch werden die restlichen Zeichen der alten Zeile, die nicht ersetzt werden sollen, in die neue Zeile kopiert.
4	↵	Abschluß der geänderten Zeile.

Beispiel 12.7

Es wird von einer fehlerhaften Quelldatei B:ADD.BAS ausgegangen.

Bildschirmausgabe	Erläuterung
A>EDLIN B:ADD.BAS End of input file	Aufruf des Editors EDLIN zur Aufbereitung einer Datei ADD.BAS, die sich auf einer Diskette in Laufwerk B befindet. Diese Datei wird von der Diskette in den Arbeitsspeicher übertragen. Der Text „End of input file" zeigt an, daß alle Zeilen bis zum Dateiende übertragen wurden.

*L
    1:*10 INLUT A,B
    2: 20 C=A+B
    3: 30 PRINT A,B,C
    4: 40 STOP
    5: 50 END
	Ausgabe des Dateiinhaltes vom Arbeitsspeicher auf den Bildschirm. Man erkennt einen Fehler:
	Das BASIC-Schlüsselwort in Zeile 1 muß INPUT lauten.

*1
    1:*10 INLUT A,B
    1:*10 INPUT A,B
	Ziel: Austausch des Buchstabens L gegen ein P in Zeile 1.
	Weg:
	• Eingabe des Zeilenaufbereitungsbefehls 1 [↵]
	  Ausgabe der 1. Zeile zur Aufbereitung.
	• Eingabe [F2] [L]
	  Es erscheint der Text: 1:*1∅⊔IN
	• Drücken der Taste [P]
	  Es steht nun der Text 1:*1∅⊔INP
	  auf dem Bildschirm.
	• Drücken der Taste [F3]
	  Die restlichen Zeichen der alten Zeile, die nicht ersetzt werden sollen, werden kopiert.
	  Ausgabe: 1:*1∅⊔INPUT⊔A,B
	• Drücken der Taste [↵]
	  Damit ist die gewünschte Änderung abgeschlossen.

*L
    1:*10 INPUT A,B
    2: 20 C=A+B
    3: 30 PRINT A,B,C
    4: 40 STOP
    5: 50 END
	Ausgabe der geänderten Datei durch Eingabe des Befehls L [↵]
	Dies dient der Kontrolle, ob die Änderung auch durchgeführt wurde.

*E A>	Speichern der geänderten Datei auf der Diskette in dem im EDLIN-Kommando bezeichneten Laufwerk unter dem dort angegebenen Namen. Anschließend meldet sich das MS-DOS-Betriebssystem mit dem Bereitschaftszeichen A >.

12.5.4.3 Löschen von Zeichen in Dateizeilen

Eine notwendige Aufgabe besteht z.B. beim Korrigieren von Dateien darin, *Zeichen* an bestimmten Stellen innerhalb einer Zeile zu *löschen.* Dazu dienen wieder bestimmte *DOS-Aufbereitungstasten.* Die folgende Tabelle zeigt, wie man schrittweise zum gewünschten Ziel gelangt.

Schritt	Tasten	Erläuterung
1	F1 oder F2 Zeichen	Zunächst müssen von einer Zeile alle die Zeichen übernommen werden, die nicht gelöscht werden sollen. Dazu gibt es die inzwischen bekannten Möglichkeiten: 1. Die F1-Taste wird so oft gedrückt, *bis* das zu löschende Zeichen erreicht ist. Dabei werden die Zeichen einzeln kopiert. 2. Die F2-Taste und das erste zu löschende Zeichen werden nacheinander gedrückt. Es werden dadurch alle Zeichen bis zum zu löschenden Zeichen kopiert.
2	Del	Die Del-Taste wird so oft gedrückt, wie Zeichen gelöscht werden sollen.
3	F3	Die restlichen, nicht gelöschten Zeichen der alten Zeile werden kopiert.
4	↵	Abschluß der geänderten Zeile.

Beispiel 12.8

Es wird von der geänderten Quelldatei B:ADD.BAS in Beispiel 12.7 ausgegangen und in einigen Zeilen einige Zeichen gelöscht.

Bildschirmausgabe	Erläuterung
```A>EDLIN B:ADD.BAS``` ```End of input file```	Aufruf des Editors EDLIN zur Aufbereitung der Datei ADD.BAS, die sich auf einer Diskette in Laufwerk B befindet. Diese Datei wird von der Diskette in den Arbeitsspeicher übertragen.

```*L```
 ```   1:*10 INPUT A,B```
 ```   2: 20 C=A+B```
 ```   3: 30 PRINT A,B,C```
 ```   4: 40 STOP```
 ```   5: 50 END```
	Ausgabe des Dateiinhaltes vom Arbeitsspeicher auf den Bildschirm.

∗1
 	
   1:∗10 INPUT A,B
   1:∗10 INPUT
	Ziel:
	Löschen der Zeichen ⊔A,B in Zeile 1.
	
	Weg:
	● Eingabe des Zeilenaufbereitungsbefehls 1 ⏎
	  Ausgabe der 1. Zeile zur Aufbereitung
	● 8 mal die |F1| -Taste drücken. Die ersten 8 Zeichen werden in einer weiteren Zeile kopiert.
	● 4 mal die |Del| -Taste drücken. Dadurch werden die letzten vier Zeichen der Zeile ⊔A,B gelöscht.
	● Die Änderung des Zeileninhaltes wird abgeschlossen durch Drücken der ⏎ Taste.

∗1
 	
   1:∗10 INPUT
   1:∗^C
	Möchte man überprüfen, ob die Änderungen wie gewünscht erfolgt sind, kann man sich die geänderte 1. Zeile noch einmal ausgeben lassen durch die Eingabe des Zeilenaufbereitungsbefehls 1 ⏎.
	Wenn die Zeile richtig ist, wird die Zeilenaufbereitung durch Drücken der Tasten |CTRL| und |BREAK| abgebrochen. Sollen weitere Änderungen erfolgen, kann eine erneute Änderung sofort angeschlossen werden, wie es die fogenden Änderungen zeigen.

∗4
 	
   4:∗40 STOP
   4:∗ STOP
	Ziel:
	Löschen der Anweisungsnummer 4∅ in Zeile 4.
	
	Weg:
	● Eingabe 4 ⏎
	  Ausgabe der 4. Zeile zur Aufbereitung.
	● 2 mal die |Del| -Taste drücken. Dadurch wird die Anweisungsnummer 4∅ gelöscht.
	● Drücken der |F3| -Taste. Der restliche nicht gelöschte Teil der Zeile wird in die neue aufbereitete Zeile kopiert.
	● Die Änderung des Zeileninhaltes wird abgeschlossen durch Drücken der ⏎ -Taste.

`*2`
`2:*20 C=A+B`
`2:*20 C=A`
	Ziel:
	Löschen der Zeichen +B in Zeile 2.
	
	Weg:
	• Eingabe 2 [⏎]
	  Ausgabe der 2. Zeile zur Aufbereitung.
	• Eingabe [F2][+]
	  Ausgabe der 2. Zeile *bis* zum + Zeichen
	  `2:*20 ⊔ C=A`
	• Eingabe: zweimaliges Drücken der [Del]-Taste. Dadurch werden die beiden Zeichen + B gelöscht.
	• Abschluß der Änderungen durch [⏎].

`*L`
`1: 10 INPUT`
`2:*20 C=A`
`3: 30 PRINT A,B,C`
`4:    STOP`
`5: 50 END`
	Ausgabe der geänderten Datei durch Eingabe des Befehls L [⏎].

`*E`	Speichern der geänderten Datei auf der Diskette unter dem Namen, der im EDLIN Kommando angegeben wurde.

`A>DIR B:`
`COMMAND   COM    4959   5-07-82   12:00p`
`ADD       BAK      58   1-01-80   12:17a`
`ADD       BAS      50   1-01-80   12:14a`
`     3 File(s)`
`A>`
	Ausgabe des Dateiinhaltsverzeichnisses der Diskette in Laufwerk B.
	
	Die im Dateiinhaltsverzeichnis angegebene Datei ADD.BAS ist die geänderte neue Datei. Die Datei ADD.BAK ist die ursprüngliche alte Datei die sog. Sicherungsdatei (engl.: <u>back</u>-up-Datei, vgl. Abschnitt 12.7).
	
	Sie enthält den alten Dateiinhalt. Er dient zu Sicherungszwecken, falls die neue Datei zerstört wird o.ä. Die Datei ADD.BAS enthält nur 50 bytes im Vergleich zur Datei ADD.BAK mit 58 bytes. Dies muß auch so sein, denn es wurden 8 Zeichen gelöscht.

12.5.4.4 Einfügen von Zeichen in Dateizeilen

Eine weitere wichtige Aufgabe besteht beim Korrigieren von Dateien darin, *Zeichen* an bestimmten Stellen innerhalb einer Zeile *einfügen* zu können. Dazu dienen wiederum die *DOS-Aufbereitungstasten*. Die folgende Tabelle zeigt, in welchen Schritten man zum Ziel gelangt.

Schritt	Tasten	Erläuterung
1	[F1] oder [F2] [Zeichen]	Durch entsprechend häufiges Drücken der [F1] - DOS-Aufbereitungstaste bis zur Einfügestelle bzw. durch Drücken der [F2] -DOS-Aufbereitungstaste und Eingabe des Zeichens, hinter dem ein neues Zeichen eingefügt werden soll, werden die Zeichen *bis* zur Einfügestelle auf dem Bildschirm ausgegeben.
2	[Ins] einzufügende Zeichenkette [Ins]	Drücken der [Ins] -Taste, um die folgenden Zeichen, die über die Tastatur eingegeben werden, als einzufügende Zeichen zu kennzeichnen. Anschließend müssen die einzufügenden Zeichen eingegeben werden. Zum Abschluß des Einfügevorgangs muß noch einmal die [Ins] -Taste gedrückt werden.
3	[F3]	Die restlichen Zeichen der ehemaligen Dateizeile werden an die eingefügten Zeichen angehängt.
4	[↵]	Abschluß der geänderten Zeile.

Beispiel 12.9

Es wird von der Quelldatei B:ADD.BAS ausgegangen, in der im Beispiel 12.8 des Abschnitts 12.5.4.3 Zeichen in mehreren Dateizeilen gelöscht wurden. Durch Einfügen der gelöschten Zeichen soll das ursprüngliche Programm wieder erstellt werden. Die Aufgabe besteht daher im einzelnen darin:

* in Zeile 1 nach 1∅⊔INPUT die Variablenliste ⊔A,B einzufügen,
* in Zeile 4 vor ⊔STOP die Anweisungsnummer 4∅ einzufügen und
* in Zeile 2 nach 2∅⊔C=A die Zeichen +B einzufügen.

Dies wird mit Hilfe der DOS-Aufbereitungstasten wie folgt erreicht:

Bildschirmausgabe	Erläuterung
```A>EDLIN B:ADD.BAS``` ```End of input file```	Aufruf des Editors EDLIN zur Aufbereitung der Datei ADD.BAS, die sich auf einer Diskette in Laufwerk B befindet und Übertragen der Datei von der Diskette in den Arbeitsspeicher.

```*L```
 ```   1:*10 INPUT```
 ```   2: 20 C=A```
 ```   3: 30 PRINT A,B,C```
 ```   4:   STOP```
 ```   5: 50 END```
	Ausgabe des Dateiinhaltes auf dem Bildschirm.

```*1```
 ```   1:*10 INPUT```
 ```   1:*10 INPUT A,B```
	Ausgabe der Zeile 1 zur Aufbereitung (Eingabe: 1 ⏎).
	 Durch Drücken der Taste [F3] werden alle Zeichen der 1. Zeile kopiert (1∅␣INPUT).
	 Die fehlenden Zeichen ␣ A,B werden eingegeben.
	 Abschluß der Aufbereitung durch Drücken der [⏎]-Taste.

```*4```
 ```   4:* STOP```
 ```   4:*40 STOP```
	Ausgabe der Zeile 4 zur Aufbereitung (Eingabe: 4 [⏎]).
	 Durch Drücken der Taste [Ins] wird sofort der Einfügemodus vorbereitet. Anschließend werden die einzufügenden Zeichen (4∅) eingegeben.
	 Nach dem Einfügen der Zeichen wird durch erneutes Drücken der Taste [Ins] der Einfügemodus abgeschlossen. Anschließend wird durch Drücken der DOS-Aufbereitungstaste [F3] die ursprüngliche Zeile, d.h. ␣STOP, in die aufbereitete Zeile kopiert. Der Aufbereitungsvorgang wird abgeschlossen durch Drücken der [⏎] Taste.

```*2```
 ```   2:*20 C=A```
 ```   2:*20 C=A+B```
	Ausgabe der Zeile 2 zur Aufbereitung (Eingabe: 2 [⏎]).
	 Drücken der Taste [F3]. Die gesamte Zeile wird auf dem Bildschirm zur weiteren Aufbereitung kopiert.
	 Die fehlenden Zeichen +B werden eingegeben.
	 Abschluß der Aufbereitung durch Drücken der [⏎]-Taste.

```*L```
 ```   1: 10 INPUT A,B```
 ```   2:*20 C=A+B```
 ```   3: 30 PRINT A,B,C```
 ```   4: 40 STOP```
 ```   5: 50 END```
 ```*E```
 	
 ```A>```
	Anzeige des korrigierten Programmes (Eingabe: L ⏎) und Speichern des Korrigierten Programmes unter dem in EDLIN angegebenen Dateinamen in dem dort angegebenen Laufwerk (E ⏎). Die rote Lampe des Laufwerks leuchtet dabei auf. DOS meldet sich nach erfolgter Speicherung mit dem Systembereitschaftszeichen A >.

12.5.4.5 Löschen von Dateizeilen

Möchte man ganze *Dateizeilen löschen*, so löscht man diese *nicht zeichen*weise mit Hilfe der Del-Taste (vgl. Abschnitt 12.5.4.3), sondern mit Hilfe eines speziellen Editor-Befehls. Die allgemeine Form des Editor-Befehls zeigt die folgende Tabelle.

Befehl	Erläuterung
n1, n2D ↵	Mit Hilfe des D-Befehls (D ist eine Kurzform für engl.: *delete*, d.h. löschen) können die Dateizeilen mit den Zeilennummern n1 bis n2 gelöscht werden (Löschen eines Zeilenbereiches). Die folgenden Zeilen der Datei werden entsprechend umnumeriert. Die Zeile, die dem gelöschten Bereich folgt, wird zur sog. laufenden Zeile. Sie ist äußerlich dadurch erkennbar, daß hinter der ausgegebenen Zeilennummer nebst Doppelpunkt ein * folgt.
,n2D ↵	Sonderfall: Wird die erste Zeilennummer weggelassen, wird der Zeilenbereich gelöscht, der bei der *laufenden* Zeile beginnt (zuletzt bearbeitete bzw. angezeigte Zeile) und bei der Zeile n2 endet.
n D ↵ oder n, D ↵	Sonderfall: Es wird nur die *angegebene* Zeile n gelöscht.
D ↵	Es wird nur die *laufende* Zeile gelöscht. Die Zeile, die der gelöschten Zeile folgt wird zur laufenden Zeile.

Beispiel 12.10

Es wird von der geänderten Datei ADD.BAS des Beispiels 12.9 ausgegangen. Aus dieser Datei werden einige Zeilen gelöscht.

Bildschirmausgabe	Erläuterung

```A>EDLIN B:ADD.BAS```
```End of input file```
```*L```
```   1:*10 INPUT A,B```
```   2: 20 C=A+B```
```   3: 30 PRINT A,B,C```
```   4: 40 STOP```
```   5: 50 END```
	Übertragen der Datei ADD.BAS von der Diskette in Laufwerk B in den Arbeitsspeicher und Anzeige des Dateiinhaltes auf dem Bildschirm.
	Die laufende Zeile ist 1 (Dateianfang).

```*2,3D```
```*L```
```   1: 10 INPUT A,B```
```   2:*40 STOP```
```   3: 50 END```
	Löschen der Zeilen 2 und 3 und anschließende Anzeige des Dateiinhaltes auf dem Bildschirm. Man erkennt, daß die Zeilen 2 und 3 gelöscht wurden und die ursprünglichen Zeilen 4 und 5 automatisch umnumeriert wurden. Die ursprüngliche Zeile 4, die dem gelöschten Bereich folgte, ist nun die laufende Zeile (erkennbar am Stern *).

```*3D```
```*L```
```   1: 10 INPUT A,B```
```   2: 40 STOP```
	Löschen der 3. Zeile in der geänderten Datei und anschließende Anzeige des Dateiinhaltes auf dem Bildschirm.

```*E```
 	
```A>```
	Speichern der geänderten Datei auf der Diskette. Anschließend meldet sich MS-DOS mit dem Systembereitschaftszeichen A > .

12.5.4.6 Einfügen von Dateizeilen

Möchte man ganze *Zeilen* in Dateien *einfügen*, so fügt man diese *nicht zeichen*weise mit Hilfe der INS-Taste ein (vgl. Abschnitt 12.5.4.4), sondern man verwendet dazu einen speziellen Editor-Befehl. Die allgemeine Form des Editor-Befehls zeigt die folgende Tabelle.

Befehl	Erläuterung
nI ↵	Mit Hilfe des I-Befehls (I ist eine Kurzform für engl.: *insert*, d.h. einfügen) kann eine Dateizeile unmittelbar *vor* der Dateizeile n eingefügt werden.
Sonderfälle:	
I ↵	Wird keine Zeilennummer vor dem Schlüsselbuchstaben I angegeben, kann eine Zeile unmittelbar vor der *laufenden* Zeile eingefügt werden.
#I ↵	Wird dieser I-Befehl eingegeben, können Dateizeilen *hinter* der letzten Dateizeile der Datei angefügt werden.

Wird nach der eingefügten Zeile die ↵-Taste gedrückt, kann eine weitere einzufügende Zeile eingegeben werden. Auf diese Weise kann eine *Zeilenfolge* eingefügt werden.

Soll hingegen die Zeileneinfügung *beendet* werden, so müssen die Tasten Ctrl und Break gedrückt werden. (Es erscheint anschließend das Editor-Bereitschaftszeichen *).

Die eingefügten Zeilen werden beim Einfügen in eine bestehende Datei automatisch so numeriert, daß eine neue Reihenfolge entsteht, die die eingefügten Zeilen an der gewünschten Stelle berücksichtigt.

Die Zeile, die der eingefügten Zeile folgt, wird zur laufenden Zeile.

Beispiel 12.11

Es wird von der Datei ADD.BAS des vorangegangenen Beispiels 12.10 ausgegangen. Die dort gelöschten Zeilen sollen wieder eingefügt werden.

Bildschirmausgabe	Erläuterung

`A>EDLIN B:ADD.BAS`
`End of input file`
`*L`
 	
`    1:*10 INPUT A,B`
`    2: 40 STOP`
	Übertragen der zu ändernden Datei ADD.BAS von der Diskette in Laufwerk B in den Arbeitsspeicher und Anzeige des Dateiinhaltes auf dem Bildschirm.

`*2I`
 	
`    2:*20 C=A+B`
`    3:*30 PRINT A,B,C`
`    4:*^C`
	2I ↵
	Befehl zum Einfügen einer Zeile vor der Dateizeile 2. Anzeige der zukünftigen Zeile 2 durch die Zeichenfolge
	2:*
	Anschließend wird die zukünftig 2. Dateizeile
	2⌴C=A+B ↵
	eingegeben.
	Nach Abschluß der Zeile durch ↵ erscheint die Zeichenfolge 3.
	3:*
	d.h. es kann eine weitere Zeile eingefügt werden, hier z. B.
	3⌴PRINT⌴A,B,C ↵
	Anschließende Ausgabe: 4:*
	Nun soll das Einfügen von Zeilen an dieser Stelle abgeschlossen werden. Dazu müssen die Tasten Ctrl und Break gedrückt werden. Dieser Vorgang wird auf dem Bildschirm mit Hilfe der Zeichen ∧ C dargestellt.
	Anschließend erscheint das Editor-Bereitschaftszeichen *, d.h. der Einfügevorgang ist damit beendet.

`*L`
 	
`    1: 10 INPUT A,B`
`    2: 20 C=A+B`
`    3: 30 PRINT A,B,C`
`    4:*40 STOP`
	Anzeige der geänderten Datei.
	Man erkennt, daß die laufende Zeile auf die letzte eingefügte Zeile folgt.

`*#I`
 	
`    5:*50 END`
`    6:*^C`
	Einfügen einer Zeile nach der letzten Dateizeile mit Hilfe des Befehls #I.
	Anschließend erscheint auf dem Bildschirm die Zeilenangabe 5:*.
	Darauf wird die einzufügende 5. Zeile wie folgt eingegeben:
	5⌴END
	Ausgabe 6:*
	Abbruch des Einfügevorgangs durch Ctrl und Break.

`*L`
 	
`    1: 10 INPUT A,B`
`    2: 20 C=A+B`
`    3: 30 PRINT A,B,C`
`    4: 40 STOP`
`    5: 50 END`
`*E`
	Anzeige der geänderten Datei (L ↵) und Speicherung auf Diskette (E ↵).

12.5.4.7 Austauschen von Zeichen und Zeichenfolgen

Sehr wirkungsvoll ist ein Editor-Befehl zum *Austauschen* von *Zeichen* und *Zeichenfolgen* gegen ein anderes Zeichen bzw. eine andere Zeichenfolge, denn dieser Befehl vereint die Funktion der Befehle:

- Aufsuchen von Zeichen bzw. Zeichenfolgen
- Löschen von Zeichen bzw. Zeichenfolgen und
- anschließendes Einfügen von Zeichen bzw. Zeichenfolgen

Die allgemeine Form des Austauschbefehls lautet:

Befehl	Erläuterung
n1,n2?R AT F6 NZ ↵ AZ Abkürzung für: „Alte Zeichenkette" NZ Abkürzung für: „Neue Zeichenkette"	Der Austauschbefehl mit dem Schlüsselbuchstaben R[1] ersetzt die Zeichen der „alten Zeichenkette" AZ durch die Zeichen der „neuen Zeichenkette" NZ in einem vor dem Schlüsselbuchstaben R angegebenen Zeilenbereich n1 bis n2. Die Zeichenketten brauchen nicht gleich lang zu sein.
F6 ist eine Funktionstaste.	Sonderfälle: 1. Wird F6 „neue Zeichenkette" im Befehl nicht angegeben, wird die „alte Zeichenkette" im angegebenen Zeilenbereich *gelöscht*. 2. Läßt man die Zeilennummer n1 weg, beginnt der Austausch mit Zeile 1. 3. Läßt man die Zeilennummer n2 weg, endet der Austausch mit der letzten Zeile. 4. Läßt man die Zeilennummer n1 und n2 weg, so wird in der gesamten Datei, d.h. in allen möglichen Zeilen der Datei, ausgetauscht.
	Anstelle der Taste F6 können auch die Tasten Ctrl und Z betätigt werden. Die letzte geänderte Zeile wird zur *laufenden* Zeile.
	Das Fragezeichen vor dem Schlüsselbuchstaben R bewirkt, daß nach jeder Ausgabe einer geänderten Zeile vom System gefragt wird: O.K.? Wenn man die Änderung wünscht, wird ein Y für engl. Yes (ja) eingegeben. Gibt man ein N für engl. No (nein) ein oder drückt man eine beliebige andere Taste, so wird diese Zeile nicht geändert.

---

[1] Der Schlüsselbuchstabe R steht für engl. replace, d.h. ersetzen.

Beispiel 12.12

Es soll von der geänderten Datei ADD.BAS in Beispiel 12.11 ausgegangen werden.

In der *gesamten* Datei soll die Variable A durch die Variable X, die Variable B durch die Variable Y und die Variable C durch die Variable Z ersetzt werden.

Bildschirmausgabe	Erläuterung

``
*L
    1:*10 INPUT A,B
    2: 20 C=A+B
    3: 30 PRINT A,B,C
    4: 40 STOP
    5: 50 END
``
	Nach dem Starten des Editors wird der Dateiinhalt auf dem Bildschirm aufgelistet (L ↵).

``
*RA^ZX
    1:*10 INPUT X,B
    2: 20 C=X+B
    3: 30 PRINT X,B,C
``
	Austausch des Buchstabens A gegen X in der *gesamten* Datei (daher keine Angabe von Zeilennummern). Man erkennt ferner, daß die Funktionstaste F6 das Drücken der Tasten Ctrl und Z ersetzt, die auf dem Bildschirm als ∧ Z dargestellt werden. Nach dem Drücken der Taste ↵ beginnt der Austausch. Die Zeilen, in denen ein Austausch stattfindet, werden gleichzeitig aufgelistet (s. nebenst. Ausgabe).

``
*RB^ZY
    1: 10 INPUT X,Y
    2: 20 C=X+Y
    3: 30 PRINT X,Y,C
``
	Austausch des Buchstabens B gegen Y in der gesamten Datei.

``
*RC^ZZ
    2: 20 Z=X+Y
    3: 30 PRINT X,Y,Z
``
	Austausch des Buchstaben C gegen Z in der gesamten Datei.

``
*L
    1: 10 INPUT X,Y
    2: 20 Z=X+Y
    3:*30 PRINT X,Y,Z
    4: 40 STOP
    5: 50 END
``
	Ausgabe der geänderten Datei.

12.5.4.8 Aufsuchen von Zeichen und Zeichenfolgen

Teilweise möchte man in einer Datei keine Zeichenketten austauschen, sondern an diesen Stellen andere Änderungen vornehmen. Zum Durchsuchen längerer Dateien nach einer bestimmten Zeichenfolge ist ein entsprechender Editor-Befehl nützlich. Die allgemeine Form des Suchbefehls ist:

Befehl	Erläuterung
n1,n2?S Zeichenkette ↵	Der Schlüsselbuchstabe des Befehls zum Aufsuchen von Zeichen bzw. Zeichenfolgen ist S. S ist eine Kurzform für engl.: search, d.h. suchen.
	Mit Hilfe dieses Suchbefehls wird die erste Zeile gesucht, in der die im Befehl angegebene „Zeichenkette" in dem angegebenen Zeilenbereich (n1, n2) vorhanden ist. Diese Zeile wird auf dem Bildschirm ausgegeben.
	Das ? bewirkt, daß anschließend die Abfrage erfolgt: OK?
	Antwortet man mit Y für engl.: „yes" wird der Suchvorgang beendet.
	Drückt man eine beliebige andere Taste, wird die nächste Zeile gesucht, in der die Zeichenkette enthalten ist usw.
	Ist die Datei vollständig durchsucht und es wird keine Zeichenkette mehr gefunden, erscheint der engl. Text: „NOT FOUND", d.h. nicht gefunden.
	Sonderfälle: 1. Läßt man die Zeilennummer n1 weg, beginnt der Suchvorgang mit Zeile 1 im Arbeitsspeicher. 2. Läßt man die Zeilennummer n2 weg, endet der Suchvorgang mit der letzten Zeile. 3. Läßt man beide Zeilennummern weg, ist die gesamte im Arbeitsspeicher stehende Datei Gegenstand des Suchvorgangs.

Beispiel 12.13

Es wird von der Datei ADD.BAS des vorangegangenen Beispiels 12.12 ausgegangen. Es sollen *alle* Zeilen gesucht werden, in denen ein T enthalten ist.

Bildschirmausgabe	Erläuterung

`*L`
`    1:  10  INPUT X,Y`
`    2:  20  Z=X+Y`
`    3:  30  PRINT X,Y,Z`
`    4:  40  STOP`
`    5:*50  END`
	Anzeige des gesamten Dateiinhaltes.

`*?ST`
`    1:  10  INPUT X,Y`
`O.K.?`
	Suchen der Zeile mit dem ersten T (Befehl: ?ST)
	Ausgabe der Zeile mit den ersten T.
	Abfrage, ob der Suchvorgang fortgesetzt werden soll. In diesem Fall soll der Suchvorgang fortgesetzt werden. Daher muß eine beliebige Taste außer Y gedrückt werden.

`    3:  30  PRINT X,Y,Z` `O.K.?`	Ausgabe der nächsten Zeile, die ein T enthält (es ist die 3. Zeile). Anschließend wird wieder eine beliebige Taste gedrückt.

`    4:  40  STOP`
`O.K.?`
`Not found`
	Ausgabe der nächsten Zeile, die ein T enthält. Nach dem Drücken einer beliebigen Taste wird kein weiteres T gefunden, so daß der Ausdruck „NOT FOUND" erscheint.

12.6 Bearbeiten umfangreicher Dateien

Unter umfangreichen Dateien sollen hier Dateien verstanden werden, die eine Speicherkapazität von mehr als 75 % der Arbeitsspeicherkapazität benötigen. Bei umfangreichen Dateien tauchen einige noch nicht besprochene Probleme auf.

Möchte man eine Datei mit Hilfe des Editors EDLIN bearbeiten, so gibt es grundsätzlich zwei Möglichkeiten hinsichtlich der benötigten Arbeitsspeicherkapazität:

● Benötigt eine Datei eine geringere Speicherkapazität als 75 % der verfügbaren Arbeitsspeicherkapazität, so wird sie vollständig in den Arbeitsspeicher geladen. Man erkennt dies an folgender Meldung, die über den Bildschirm ausgegeben wird:

> End of input file

d.h.: Ende der Eingabedatei.

● Benötigt eine Datei eine größere Speicherkapazität als 75 % der verfügbaren Arbeitsspeicherkapazität, so wird die Datei nur soweit in den Arbeitsspeicher geladen, bis 75 % der Arbeitsspeicherkapazität erreicht sind.

Man erkennt das unvollständige Laden einer Datei daran, daß auf dem Bildschirm *nur* das Editor-Bereitschaftszeichen

*

ausgegeben wird. Dies dient dem Anwender auch als Hinweis, daß dieser Teil einer Datei anschließend wie gewohnt editiert werden kann.

> **Der Rest der Datei kann jedoch z.Z. nicht editiert werden, da er sich nicht im Arbeitsspeicher befindet.**

Daß sich nicht die vollständige Datei im Arbeitsspeicher befindet, ersieht der Benutzer aus der *fehlenden* Bildschirmausgabe:

> End of input file

Für derart umfangreiche Dateien muß der Editor eine Möglichkeit bieten, auch den Rest einer Datei, der nicht in den Arbeitsspeicher geladen wird, editieren zu können.

> **Der prinzipielle Weg ist in derartigen Fällen folgender:**
>
> - **Man editiert zunächst wie gewohnt den im Arbeitsspeicher stehenden Teil einer Datei.**
> - **Nach den Änderungen kann ein großer Teil dieser Datei wieder auf der Diskette zurückgespeichert werden. Dadurch wird Platz im Arbeitsspeicher (Editor Befehl W, vgl. Abschnitt 12.6.1).**
> - **Der noch nicht bearbeitete Rest der Datei wird zum Editieren in den nun freien Platz im Arbeitsspeicher nachgeladen (Editor Befehl A, vgl. Abschnitt 12.6.2).**

Bei sehr großen Dateien können diese Schritte auch mehrfach wiederholt werden. Wenn auf diese Art und Weise irgendwann das Dateiende in den Arbeitsspeicher geladen wurde, wird dies für den Benutzer sichtbar durch folgende Bildschirmausgabe:

> End of input file

Die beiden Editor-Befehle W und A werden im folgenden noch etwas näher beschrieben.

12.6.1 Zurückspeichern von im Arbeitsspeicher gespeicherten Dateizeilen auf eine Diskette mit Hilfe des Editor-Befehls W

> **Die allgemeine Form des Editor-Befehls W ist**
>
> nW
>
> **Das Schlüsselwort W steht für engl. write, d.h. schreiben, hier sinngemäß speichern. Es werden mit Hilfe dieses Befehls n *editierte* Zeilen einer Datei aus dem Arbeitsspeicher auf eine Diskette zurückgespeichert.**

Das Laufwerk einer Diskette und der Dateiname sind durch das EDLIN-Kommando festgelegt.

Mit Hilfe dieses Editor-Befehls schafft man Platz für den noch nachzuladenden Rest der umfangreichen Datei.

12.6.2 Anhängen von Dateizeilen einer Diskettendatei an das Ende der im Arbeitsspeicher befindlichen Dateizeilen mit Hilfe des Editor-Befehls A

Die allgemeine Form des Editor-Befehls A ist:

| nA |

Das Schlüsselwort A steht für engl. **A**ppend, d.h. anhängen.

Es werden mit Hilfe dieses Befehls n noch nicht editierte Zeilen einer Datei von der Diskette an die sich im Arbeitsspeicher befindenden Dateizeilen angehängt.

Gibt man kein n an, so werden so viele Zeilen angehängt, bis der Arbeitsspeicher bis zu 75 % gefüllt ist.

Voraussetzung für den Einsatz dieses Befehls ist, daß der Arbeitsspeicher noch nicht zu 75 % gefüllt ist. Sollte dies der Fall sein, muß man ihn vorher mit Hilfe des W-Befehls leeren (vgl. Abschnitt 16.6.1).

Wird beim Anhängen von Dateizeilen die letzte Dateizeile in den Arbeitsspeicher geladen, wird die Meldung

| End of input file |

auf dem Bildschirm ausgegeben.

12.7 Die Sicherungsdatei

Beim Ändern von vorhandenen Dateien mit Hilfe des Editors EDLIN wird automatisch eine Sicherungsdatei erzeugt.

Die ursprüngliche Originaldatei wird zur Sicherungsdatei und erhält zum Kennzeichen den Dateiergänzungsnamen BAK (engl. **back**-up).

Die geänderte Datei erhält hingegen den ursprünglichen Originalhaupt- und -ergänzungsnamen (der im EDLIN-Kommando angegeben ist).

Somit existiert zur Sicherheit gegen Datenverluste immer noch die vor der letzten Änderung vorhandene Datei. Im Notfall kann auf sie zurückgegriffen werden.

Der Vorgang, der sich beim Erstellen einer Sicherungsdatei abspielt, soll noch etwas ausführlicher dargestellt werden.

- Wird das Kommando zum Editieren einer Datei eingegeben und zur Ausführung gebracht, so wird eine schon auf der Diskette *vorhandene* Sicherungskopie (Dateihauptname wie im Editorkommando, Dateiergänzungsname BAK) zunächst gelöscht.

  Diese Löschung dient dazu, freie Speicherkapazität auf der Diskette zu schaffen, z. B. für die geänderte, auf den neuesten Stand gebrachte Datei.

- Der Editor richtet für die Zeit der Änderung eine Zwischendatei ein (Dateihauptname wie im Editorkommando, Dateiergänzungsname $$$).

  Sie nimmt die geänderte, auf den neuesten Stand gebrachte Datei auf.

- Wird der Editorvorgang mit dem Editor-Befehl E abgebrochen, werden die Dateiumbenennungen vorgenommen:

  Die ursprüngliche Originaldatei wird zur Sicherungsdatei. Die auf den neuesten Stand gebrachte, geänderte Zwischendatei wird zur Originaldatei (Dateiname wie im Editor Kommando).

Beispiel 12.14

Es sei auf einer Diskette in Laufwerk B eine Orignaldatei ADD.BAS und eine Sicherungsdatei ADD. BAK vorhanden. Die Originaldatei ADD.BAS soll mit Hilfe des Editors verändert werden. Folgende Tabelle zeigt, wie die Umbenennungen der Dateien erfolgen.

Kommando bzw. Editorbefehl	Dateiname	Dateiname	Dateiname
	ADD.BAS	ADD.BAK	
EDLIN B:ADD.BAS		Löschen der Sicherungsdatei ADD.BAK	Einrichten der Zwischendatei ADD. $$$
Editorbefehle (Änderungen des Dateiinhaltes)			Die Originaldatei nebst Änderungen in der Originaldatei werden in der Zwischendatei ADD. $ $ $ gespeichert.
Beenden des Editorvorgangs mit Hilfe des Befehls E ↵	Umbenennung der Datei ADD.BAS in ADD.BAK		Umbenennung der Datei ADD. $$$ in ADD.BAS

12.8 Das Öffnen und Schließen von Dateien

> **Eine Datei, die benutzt wird, muß stets vorher eröffnet und anschließend geschlossen werden.**

Durch das *Eröffnen* einer Datei werden u. a.

- benötigte Daten aus dem Inhaltsverzeichnis der Diskette in den Arbeitsspeicher des Mikrocomputers übertragen
- für die zu erwartende Datenübertragung ein Pufferspeicher angelegt u. dgl.

Wird nach dem Eröffnen der Datei diese verändert, so ist folgendes zu berücksichtigen:

- Infolge der Dateiänderungen muß i. a. auch das Dateiinhaltsverzeichnis auf der Diskette aktualisiert werden (z. B. der Umfang der Datei).
- Die bei der Dateiänderung hinzukommenden Daten werden zunächst im Pufferspeicher abgelegt. Erst wenn der Puffer voll ist, werden diese Daten auf die Diskette geschrieben (Zwischendatei mit dem Ergänzungsnamen $$$).

Durch das *Schließen* einer Datei wird dafür gesorgt, daß

- das Inhaltsverzeichnis der Diskette aktualisiert wird und
- die Restinformationen aus dem Pufferspeicher auf die Diskette übertragen werden.

Würde man das Schließen der Datei vergessen und die Diskette anschließend wechseln bzw. den Mikrocomputer ausschalten, so wäre die Datei auf der Diskette eventuell um den sich im Pufferspeicher befindlichen Teil unvollständig.

> **Bei Benutzung des Editors EDLIN wird eine Datei automatisch durch Aufruf des Editors eröffnet und durch den Editorbefehl E ↵ geschlossen.**

12.9 Zusammenfassung

Mit Hilfe des Editors können

- **Dateien neu erstellt werden und**
- **Dateien geändert werden**

Der Editor wird mit folgendem Kommando aufgerufen:

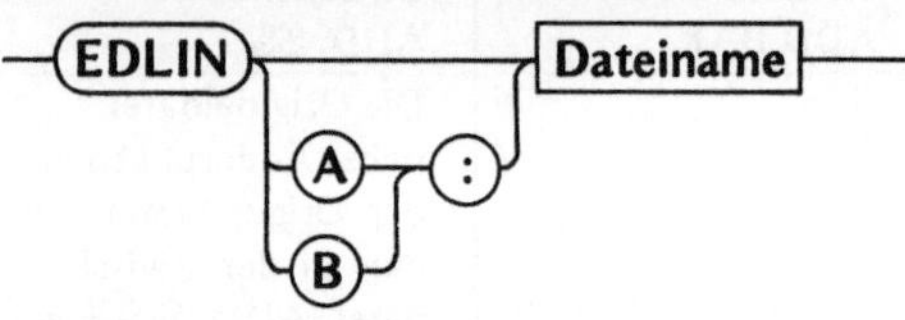

- Bei *neu einzurichtenden Dateien* ist die Editor-Bereitschaftsmeldung

      NEW FILE
      *

Für die Eingabe von Dateizeilen in eine neue Datei ergibt sich folgende Befehls-folge:

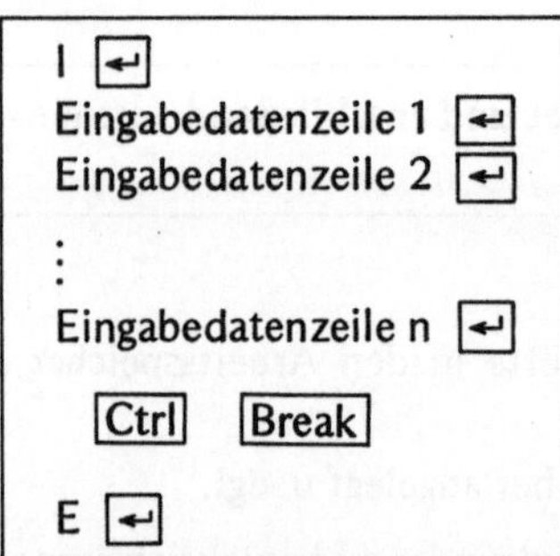

I ist der Schlüsselbuchstabe für den Editorbefehl zur Eingabe ganzer Dateizeilen.

Soll die Eingabe beendet werden, müssen die Tasten Ctrl und Break gleichzeitig gedrückt werden.

E ist der Schlüsselbuchstabe für den Editorbefehl zur Beendigung des Eingabemodus.

Damit ist eine Datei unter dem Dateinamen auf der Diskette in dem Laufwerk neu eingerichtet, der im EDLIN-Kommando angegeben wurde.

- Bei *zu ändernden Dateien* ist die Editor Bereitschaftsmeldung nach Eingabe des EditorKommandos allein

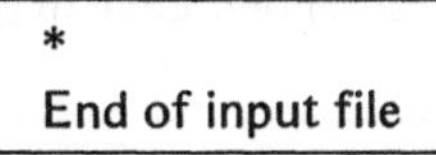

Dies ist das Zeichen, daß die im EDLIN-Kommando angegebene Datei von der dort angegebenen Diskette *vollständig* in den Arbeitsspeicher übertragen worden ist. Es kann anschließend mit den beabsichtigten Änderungen begonnen werden. Für umfangreiche Dateien müssen Teile der Datei zur Änderung nachgeladen werden (siehe später).

Zur Änderung von Dateien dienen folgende Editor-Befehle:

Anzeigen von Inhalten bestimmter Dateizeilen und Dateibereichen auf dem Bildschirm mit Hilfe des L-Befehls (engl. Abkürzung für <u>L</u>ist).

Fahrnetz des L-Befehls:

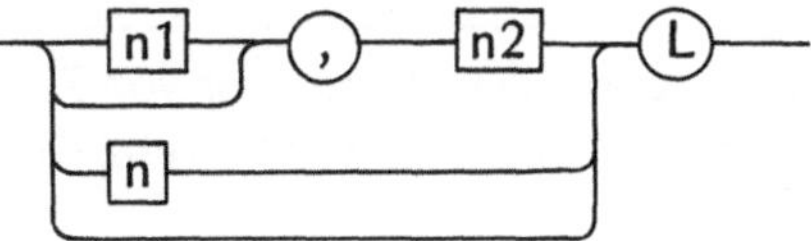

n, n1 und n2 sind Zeilennummern. Sie werden beim Erstellen von neuen Dateien vom Editor während des Editierens fortlaufend vergeben (Übergang zur neuen Datenzeile durch Drücken der Taste ⏎). Mit diesen Zeilennummern kann man später Dateizeilen einer Datei kennzeichnen.

Die Zeilennummer n1 im L-Befehl muß kleiner als die von n2 sein. Sie geben den anzuzeigenden Dateibereich an.

Verändern von Zeilen mit Hilfe des Zeilenaufbereitungsbefehls

Fahrnetz des Zeilenaufbereitungsbefehls:

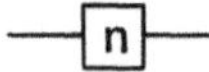

Mit Hilfe des Zeilenaufbereitungsbefehls wird die zu ändernde Zeile n der Datei ausgegeben. Diese Zeile wird zur sog. laufenden Zeile. Zur *zeichenweisen* Änderung innerhalb der Zeile dienen folgende MS-DOS-Aufbereitungstasten:

Taste	Bedeutung
F1	Ein Zeichen wird pro Tastendruck aus der laufenden Zeile in eine neue kopiert und angezeigt.
F2 X	Alle Zeichen *bis* zum angegebenen Zeichen (hier durch X symbolisiert) werden in eine neue Zeile kopiert.
F3	Alle Zeichen hinter der Bearbeitungsstelle werden in eine neue Zeile kopiert.
F4 X	Alle Zeichen werden bis zum angegebenen Zeichen (hier durch X symbolisiert) gelöscht.
F5	Die angegebene Zeile wird vollständig in eine neue Zeile kopiert.
F6	Entspricht dem Drücken der Tasten Ctrl und Z.

Diese besprochenen Tastenbedienungen dienen zur rationellen Übernahme von Zeichen einer Zeile, die *nicht* verändert werden sollen. Zur eigentlichen Änderung führen folgende Tastenbedienungen.

DEL	Ein Zeichen löschen.
INS	Ein Zeichen einfügen.
ESC	Zeile löschen.

Mit Hilfe dieser MS-DOS Aufbereitungstasten lassen sich im Zusammenhang mit dem Zeilenaufbereitungsbefehl in Datenzeilen einfach

Zeichen ersetzen,

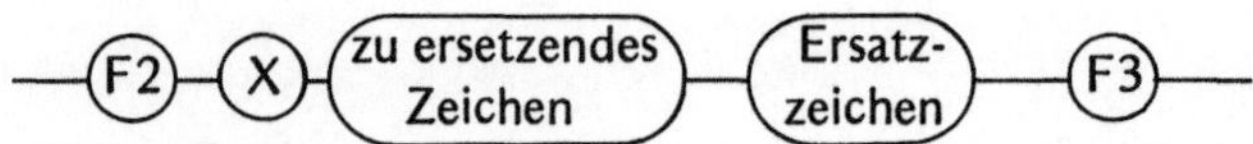

Zeichen löschen,

und Zeichen einfügen

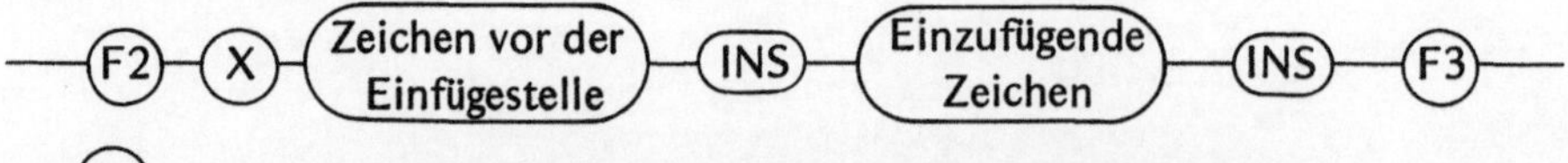

X kennzeichnet hier das Zeichen an der zu ändernden Stelle.

Löschen von Dateizeilen mit Hilfe des D-Befehls

Fahrnetz des D-Befehls:

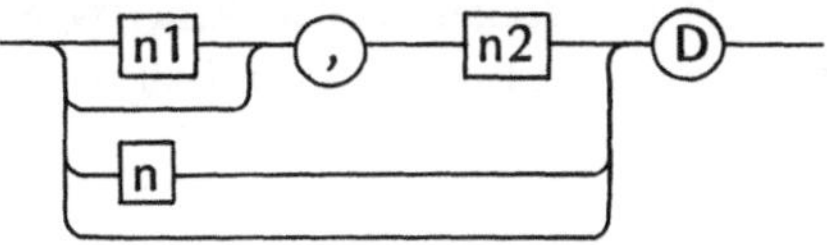

n1 und n2 bzw. n sind Zeilennummern.

Einfügen von Dateizeilen mit Hilfe des I-Befehls

Fahrnetz des I-Befehls:

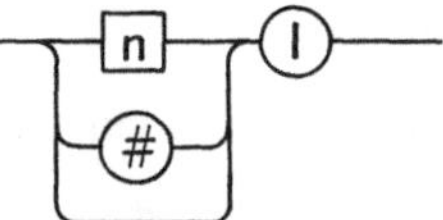

Austauschen von Zeichen und Zeichenfolgen mit Hilfe des R-Befehls

Fahrnetz des R-Befehls:

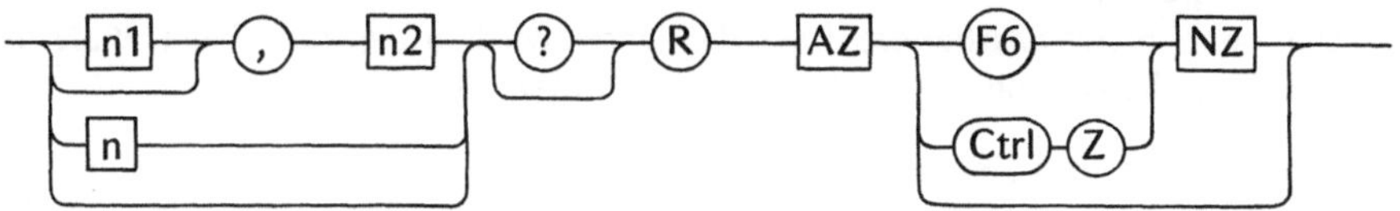

AZ ist die zu ersetzende „Alte Zeichenkette"

NZ ist die „Neue Zeichenkette", die die alte Zeichenkette ersetzt.

Aufsuchen von Zeichen und Zeichenfolgen mit Hilfe des S-Befehls

Fahrnetz des S-Befehls:

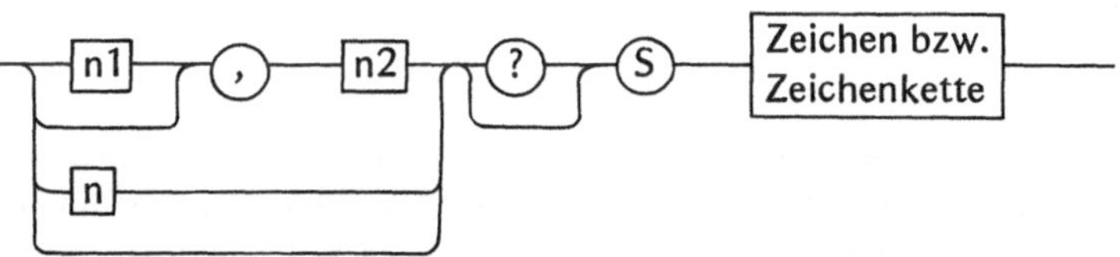

Verlassen des Editors mit Übernahme der Änderungen

Fahrnetz des E-Befehls:

Verlassen des Editors ohne Übernahme der Änderungen

Fahrnetz des Q-Befehls:

Aus Sicherheitsgründen wird bei Benutzung des Q-Befehls gebeten, den gewünschten Abbruch ohne Übernahme der Änderungen zu bestätigen. Die Frage lautet:

```
Abort edit (Y/N)?
```

Falls abgebrochen werden soll, muß ein Y eingegeben werden. Im anderen Falle ein N.

- **Ändern von umfangreichen Dateien**

  Benötigt eine Datei mehr als 75 % der Arbeitsspeicherkapazität, so werden bei Benutzung des Editor-Kommandos nur so viele Dateizeilen in den Arbeitsspeicher übertragen, bis der Arbeitsspeicher zu 75 % gefüllt ist. In diesem Fall ist die Bereitschaftsmeldung des Editors allein

  Da der Rest der Datei fehlt, fehlt auch die sonst übliche Meldung

  > End of input file.

  Zum Editieren der gesamten Datei ist folgender Weg einzuschlagen:

  - Man editiert zunächst wie gewohnt den im Arbeitsspeicher stehenden Teil einer Datei.
  - Anschließend kann ein großer Teil des geänderten Dateiteils wieder auf der Diskette gespeichert werden (siehe Editor Befehl W). Dadurch wird Platz im Arbeitsspeicher.
  - Der noch nicht bearbeitete Rest der Datei wird in den nun freien Platz im Arbeitsspeicher nachgeladen (siehe Editor Befehl A).

Das Fahrnetz des Editor-Befehls W ist:

Mit Hilfe dieses Befehls werden n editierte Zeilen einer Datei aus dem Arbeitsspeicher auf eine Diskette geschrieben.

Das Fahrnetz des Editor-Befehls A ist:

Mit Hilfe dieses Befehls werden n noch nicht editierte Zeilen einer Datei von der Diskette an die sich im Arbeitsspeicher befindende Datei angehängt. Gibt man keine Zeilenzahl n an, wird der Arbeitsspeicher mit Zeilen bis zu 75 % aufgefüllt.

Dieses „Nachladen" muß solange wiederholt werden, bis die Meldung

> End of input file

anzeigt, daß die letzte Dateizeile in den Arbeitsspeicher geladen wurde.

- Beim Ändern von vorhandenen Dateien mit Hilfe des Editors EDLIN wird automatisch eine Sicherungsdatei erzeugt.

  Die ursprüngliche Originaldatei wird zur Sicherungsdatei und erhält zum Kennzeichen den Dateiergänzungsnamen BAK. Die geänderte Datei erhält hingegen den ursprünglichen Originalhaupt- und -ergänzungsnamen.

- Beim Bearbeiten von Dateien ist darauf zu achten, daß sie vor dem Benutzen eröffnet und anschließend geschlossen werden.

12.10 Übungsaufgaben

Die Lösungen der Übungsaufgaben befinden sich in Kap. 26.

Aufgabe 12.1

Welche Editor-Aufrufe sind richtig bzw. falsch?

Nr.	Editor-Aufruf	richtig	falsch	Erläuterung
1	EDLIN ADD.BAS ↵	O	O	
2	EDLIN ↵	O	O	
3	EDLIN ADD. ↵	O	O	
4	EDLIN B.ADD ↵	O	O	
5	EDLIN ADD ↵	O	O	
6	ED ADD ↵	O	O	
7	EDLIN.COM ADD ↵	O	O	

Aufgabe 12.2

Was versteht man unter einem

a) Systembereitschaftszeichen?
b) Editorbereitschaftszeichen?
c) Wie sehen diese Bereitschaftszeichen bei MS-DOS aus?

Aufgabe 12.3

Geben Sie ein allgemeines Schema zur Erzeugung einer Datei mit dem Namen BSP.TXT auf einer Diskette in Laufwerk B an. Die Datei soll mehrere Datenzeilen besitzen.

Aufgabe 12.4

Geben Sie den Editor-Befehl an, mit dem Sie von einer nicht vollständig in den Arbeitsspeicher geladenen Datei soviel Zeilen nachladen können, bis der Arbeitsspeicher zu 75 % gefüllt ist.

Aufgabe 12.5

Was bewirken folgende Editor-Befehle?

Nr.	Befehl	Erläuterung
1	1Ø, 2Ø L ↵	
2	,5Ø L ↵	
3	1ØØ L ↵	
4	L ↵	
5	7Ø ↵	

Aufgabe 12.6

Geben Sie an, wie Sie mit dem Editor EDLIN

a) 5 Zeichen am Anfang einer Dateizeile
b) 5 Zeilen am Anfang einer Datei

löschen.

Aufgabe 12.7

Sie möchten in den Text

ICH␣MS-DOS

den Text

LERNE

zwischen ICH und MS-DOS Einfügen. Wie bewerkstelligen Sie dies mit Hilfe der MS-DOS Aufbereitungstasten?

Aufgabe 12.8

Wie finden Sie mit Hilfe des Editor-Suchbefehls das zweite E in der Datei mit dem Text:

ICH LERNE MS-DOS

Aufgabe 12.9

Geben Sie den Befehl an, mit dem Sie den Text LERNE in Aufgabe 12.7 gegen UEBE austauschen können.

Aufgabe 12.10

Welchen Dateiergänzungsnamen haben Zwischendateien?

Aufgabe 12.11

Was bewirkt der Befehl Q?

13 Das COPY-Kommando

Das COPY-Kommando dient zum Kopieren einzelner Dateien.

Die Originaldatei wird im folgenden *Quelldatei*, die kopierte Datei *Zieldatei* genannt.

13.1 Kopierwünsche des Anwenders

In der Praxis bestehen folgende Kopierwünsche:

- *Kopieren* der Quelldatei auf die *gleiche* Diskette.
  In diesem Falle ist nur ein Diskettenlaufwerk erforderlich.
  Die Zieldatei muß zur Unterscheidung einen *anderen* Dateinamen aufweisen als die Quelldatei.
- *Kopieren* der Quelldatei auf eine *andere* Diskette.
  Je nach Ausstattung des Mikrocomputers gibt es zwei Möglichkeiten:
  — es ist nur *ein* Diskettenlaufwerk vorhanden oder
  — es sind *zwei* Diskettenlaufwerke vorhanden.
  Die Zieldatei kann dabei
  — einen anderen Dateinamen aufweisen als die Quelldatei oder
  — den gleichen Dateinamen wie die Quelldatei besitzen.
- *Verketten* von mehreren Quelldateien zu einer Zieldatei
  — auf der gleichen oder einen anderen Diskette
  — mit Hilfe eines oder zwei Laufwerken.

Auf die Kopierkommandos zu diesen Kopierwünschen soll im folgenden näher eingegangen werden.

13.2 Das allgemeine Kopier-Kommando

> **Das Kopierkommando hat folgende allgemeine Form:**
>
> **COPY LW:Q LW:Z ↵**

Hierbei ist:

COPY	Schlüsselwort des Kopierkommandos.
LW	Kennzeichen des Laufwerkes, in dem die Diskette mit der zugehörigen Quell- bzw. Zieldatei liegt. Als Laufwerkskennzeichen wird entweder der Buchstabe A oder B benutzt. Der zugehörige Dateiname, hier Q bzw. Z, wird durch einen Doppelpunkt von der Laufwerkangabe getrennt.
Q	Quelldatei. Die Abkürzung Q steht stellvertretend für den Dateinamen der Quelldatei (Originaldatei). Ist die Quelldatei auf einer Diskette im Laufwerk A, so kann die Laufwerksangabe A: entfallen. Besitzt die Quelldatei einen Dateiergänzungsnamen, so *muß* dieser ebenfalls angegeben werden.
Z	Zieldatei. Die Abkürzung Z steht stellvertretend für den Dateinamen der Zieldatei (Dateikopie). Soll die Dateikopie auf einer Diskette im Laufwerk A gespeichert werden, so kann die Laufwerksangabe A: entfallen. Soll die Zieldatei einen Dateiergänzungsnamen erhalten, so muß dieser ebenfalls angegeben werden.
↵	Abschluß des Kopierkommandos durch Drücken der Eingabe-Taste. Anschließend beginnt der Kopiervorgang.

> **Soll die Zieldatei den gleichen Dateinamen aufweisen wie die Quelldatei, so ist dies nur bei der Benutzung von zwei Disketten möglich, da sonst die Eindeutigkeit der Zuordnung eines Dateinamens zu einer Datei auf einer Diskette verloren ginge.**

> **Werden zwei Disketten benutzt, so kann bei gleichen Dateinamen von Quell- und Zieldatei der Name der Zieldatei entfallen.**

Die folgende Aufstellung zeigt in allgemeiner Form, wie die unterschiedlichen Kopierwünsche der Anwender durch Angabe der entsprechenden Kopierkommandos, abgeleitet aus dem allgemeinen Kopierkommando, erfüllt werden können.

Kopieren auf die *gleiche* Diskette	Kopieren auf eine *andere* Diskette	
	Mit *einem* Laufwerk	Mit *zwei* Laufwerken

Schritt 1:
MS-DOS wie üblich laden und das Systembereitschaftszeichen A > abwarten.

Schritt 2:
DOS-Diskette aus dem Systemlaufwerk A entnehmen und die Diskette mit der Quelldatei in das Systemlaufwerk A einlegen.

Schritt 3:
Kopierkommando wie folgt eingeben (je nach Fall Spalte wählen!):

Kopieren im Systemlaufwerk:	

Kopieren im Systemlaufwerk:

```
COPY Q Z ↵
```

Kopieren in Laufwerk B:

```
COPY B:Q B:Z ↵
```

— Die Zieldatei soll einen *anderen* Dateinamen aufweisen wie die Quelldatei:

```
COPY Q B:Z ↵
```

— Die Zieldatei soll den *gleichen* Dateinamen aufweisen wie die Quelldatei (Quelldatei in Laufwerk A):

```
COPY Q B:Q ↵
```
bzw.
```
COPY Q B: ↵
```

— Die Quelldatei befindet sich auf einer Diskette in Laufwerk B, die Zieldatei auf einer Diskette in Laufwerk A.

```
COPY B:Q ↵
```

Bildschirmausgabe:

Insert diskette for drive B:
and strike any key when ready.

Es wird somit auf Englisch darauf hingewiesen, daß eine Diskette für die Zieldatei in Laufwerk B einzulegen ist.

Da nur ein Laufwerk vorhanden ist, ist der Ablauf *etwas* anders als es der obige engl. Text vorgibt.	Ist die Diskette, die die Zieldatei aufnehmen soll, in Laufwerk B eingelegt, wird eine beliebige Taste gedrückt.

Da nur ein Laufwerk vorhanden ist, ist der Ablauf *etwas* anders als es der obige engl. Text vorgibt.

— Man entnimmt dem Laufwerk A die Diskette mit der Quelldatei.

— Man legt in das Laufwerk A die Diskette, auf der die Zieldatei gespeichert werden soll.

— Man drückt eine beliebige Taste.

Ist die Diskette, die die Zieldatei aufnehmen soll, in Laufwerk B eingelegt, wird eine beliebige Taste gedrückt.

Schritt 4:

Der Kopiervorgang beginnt nach der Kommandoeingabe mit Drücken der ⏎-Taste.
Äußerlich wird der Kopiervorgang sichtbar durch das Aufleuchten der roten Kontrollampe des Laufwerkes.

Das Ende des Kopiervorgangs wird durch folgende Ausgabe auf dem Bildschirm angezeigt:

1 File(s) copied

A >

Nach dem Kopieren ist es sinnvoll, den erfolgreichen Kopiervorgang mit Hilfe des
DIR-Kommandos zu überprüfen. Die kopierte Datei muß im Inhaltsverzeichnis der
Zieldiskette vorhanden sein. Es ist außerdem sinnvoll, das Inhaltsverzeichnis ausdrucken zu lassen, um es mit in die Diskettenhülle legen zu können. Auf diese Weise
weiß man stets, was die Disketten enthalten.

13.3 Kopierbeispiele zum Kopieren einzelner Dateien

13.3.1 Vorbereitung

Die MS-DOS Systemdiskette wird in das Laufwerk A gelegt und das MS-DOS Betriebssystem wie üblich gestartet. Nach Angabe von Datum und Uhrzeit erscheint das Systembereitschaftszeichen A >.

Beispiel 13.1

Anschließend werden zunächst mit Hilfe des Kommandos EDLIN auf einer Diskette in Laufwerk B die Dateien mit den Dateinamen A, B und C wie folgt neu erzeugt:

<pre>A>
A>EDLIN B:A
New file
*I
        1:*A
        2:*A
        3:*A
        4:*^C
 	
*E</pre>
	Erzeugen einer Datei mit dem Dateinamen A auf einer Diskette in Laufwerk B. Der Inhalt der Datei besteht aus drei Zeilen. Jede Zeile enthält nur den Buchstaben A.
	
	Der Eingabevorgang I wird durch Drücken der Tasten CTRL Break beendet.
	
	Mit Hilfe des Befehls E ↵ wird die Datei mit dem Namen A auf der Diskette im Laufwerk B gespeichert.

<pre>A>EDLIN B:B
New file
*I
        1:*B
        2:*B
        3:*B
        4:*^C
 	
*E</pre>
	Erzeugen einer Datei mit dem Dateinamen B auf einer Diskette in Laufwerk B. Der Inhalt der Datei besteht aus drei Zeilen mit je einem Buchstaben B.

<pre>A>EDLIN B:C
New file
*I
        1:*C
        2:*C
        3:*C
        4:*^C
 	
*E</pre>
	Erzeugen einer Datei mit dem Dateinamen C auf einer Diskette in Laufwerk B. Der Inhalt der Datei besteht aus drei Zeilen mit je einem Buchstaben C.

<pre>A>DIR B:
COMMAND   COM   4959   5-07-82   12:00p
ADD $$$ 0   1-01-80   12:19a
ADD   BAS   58   1-01-80   12:04a
A   10   1-01-80   12:02a
B   10   1-01-80   12:03a
C   10   1-01-80   12:04a
        6 File(s)</pre>
	Ausgabe des Dateiinhaltsverzeichnisses der Diskette in Laufwerk B. Man erkennt, daß die erzeugten drei Dateien A, B und C vorhanden sind.

13.3.2 Kopieren auf die gleiche Diskette

Kopieren auf die gleiche Diskette im Systemlaufwerk A mit unterschiedlichem Namen

Beispiel 13.2

Dazu wird die MS-DOS-Diskette aus Laufwerk A entnommen und die Diskette mit den erzeugten Dateien A, B und C aus Laufwerk B in Laufwerk A gelegt. Es wird folgendes Kommando gegeben:

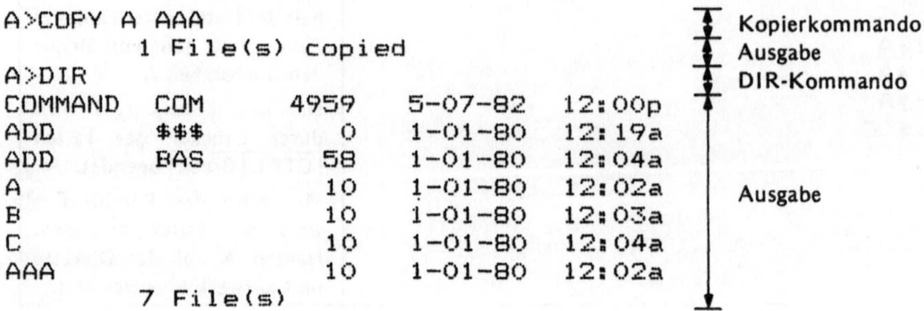

```
A>COPY A AAA
        1 File(s) copied
A>DIR
COMMAND    COM     4959    5-07-82    12:00p
ADD        $$$        0    1-01-80    12:19a
ADD        BAS       58    1-01-80    12:04a
A                    10    1-01-80    12:02a
B                    10    1-01-80    12:03a
C                    10    1-01-80    12:04a
AAA                  10    1-01-80    12:02a
        7 File(s)
```

Kopierkommando / Ausgabe / DIR-Kommando / Ausgabe

Die Datei A, die sich auf einer Diskette im Systemlaufwerk A befindet, wird auf die gleiche Diskette mit dem Namen AAA kopiert. Das anschließend eingegebene DIR-Kommando zeigt, daß die Kopie AAA tatsächlich angefertigt wurde.

Kopieren auf die gleiche Diskette im Laufwerk B mit unterschiedlichem Namen

Beispiel 13.3

Dazu wird die Diskette aus Laufwerk A in Laufwerk B gelegt und folgendes Kommando gegeben:

```
A>COPY B:B B:BBB
        1 File(s) copied
A>DIR B:
COMMAND    COM     4959    5-07-82    12:00p
ADD        $$$        0    1-01-80    12:19a
ADD        BAS       58    1-01-80    12:04a
A                    10    1-01-80    12:02a
B                    10    1-01-80    12:03a
C                    10    1-01-80    12:04a
AAA                  10    1-01-80    12:02a
BBB                  10    1-01-80    12:03a
        8 File(s)
```

Kopierkommando / Ausgabe / DIR-Kommando / Ausgabe

Die Datei B, die sich auf einer Diskette im Laufwerk B befindet, wird auf die gleiche Diskette mit dem Namen BBB kopiert. Das anschließend eingegebene DIR-Kommando zeigt, daß die Kopie BBB tatsächlich angefertigt wurde.

Kopieren auf die gleiche Diskette bei gleichem Namen

Beispiel 13.4

Die Diskette wird in Laufwerk A gelegt und folgendes Kommando gegeben:

```
A>COPY C C
File cannot be copied onto itself
        0 File(s) copied
```

Kopierkommando / Ausgabe

Es wurde der Versuch unternommen, die Datei C in Laufwerk A auf die gleiche Diskette mit gleichem Namen zu kopieren. Dieser Versuch wird abgewiesen durch die englische Fehlermeldung

> „File can not be copied onto itself"

Das besagt:

„Die Datei kann nicht in sich selbst kopiert werden".
Es wird somit keine Datei (engl.: file) kopiert.

13.3.3 Kopieren auf eine andere Diskette in einem anderen Laufwerk

Beispiel 13.5

Die Dateiinhaltsverzeichnisse der Disketten in den Laufwerken A und B mögen folgende Dateien zeigen:

```
A>DIR
COMMAND    COM       4959      5-07-82     12:00p
ADD        $$$          0      1-01-80     12:19a
ADD        BAS         58      1-01-80     12:04a          Inhaltsverzeichnis der
A                      10      1-01-80     12:02a          Diskette in Laufwerk A
B                      10      1-01-80     12:03a
C                      10      1-01-80     12:04a
AAA                    10      1-01-80     12:02a
BBB                    10      1-01-80     12:03a
        8 File(s)
A>DIR B:
COMMAND    COM       4959      5-07-82     12:00p          Inhaltsverzeichnis der
        1 File(s)                                          Diskette in Laufwerk B
```

Die Datei A soll nun von der Diskette in Laufwerk A zur Diskette in Laufwerk B mit *gleichem* Namen kopiert werden. Anschließend soll die Datei B von der Diskette in Laufwerk A zur Diskette in Laufwerk B mit dem *geänderten* Namen B.TXT kopiert werden. Mit Hilfe des DIR B: Kommandos soll anschließend der erfolgreiche Kopiervorgang nachgewiesen werden.

```
A>COPY A B:
        1 File(s) copied
A>COPY B B:B.TXT
        1 File(s) copied
A>DIR B:
COMMAND    COM       4959      5-07-82     12:00p
A                      10      1-01-80     12:02a
B          TXT         10      1-01-80     12:03a
        3 File(s)
```

Man erkennt, daß im Gegensatz zu Beispiel 13.4 auf verschiedenen Disketten Dateien mit gleichem Dateinamen auftreten dürfen.

Kopieren von Laufwerk B zu Laufwerk A

Beispiel 13.6

Es soll die Datei B.TXT von der Diskette in Laufwerk B mit *gleichem* Namen zur Diskette in Laufwerk A übertragen werden und der erfolgreiche Kopiervorgang nachgewiesen werden. Dazu dienen folgende Kommandos:

```
A>COPY B:B.TXT
        1 File(s) copied
A>DIR
COMMAND    COM      4959    5-07-82    12:00p
ADD        $$$         0    1-01-80    12:19a
ADD        BAS        58    1-01-80    12:04a
A                     10    1-01-80    12:02a
B                     10    1-01-80    12:03a
C                     10    1-01-80    12:04a
AAA                   10    1-01-80    12:02a
BBB                   10    1-01-80    12:03a
B          TXT        10    1-01-80    12:03a
        9 File(s)
```

13.3.4 Kopieren auf eine andere Diskette, wenn nur ein Laufwerk vorhanden ist

Beispiel 13.7

Es soll die Datei A mit dem neuen Namen A.TXT auf eine andere Diskette kopiert werden. Dabei steht nur das Laufwerk A zur Verfügung.

Eingabe des Kommandos:

COPY␣A␣B:A.TXT

Über die Bildschirmausgabe wird der Benutzer aufgefordert, die Disketten zu wechseln. Nachdem dies getan ist, wird der Kopiervorgang durch Drücken einer beliebigen Taste gestartet.

Dieser Kopiervorgang ist nur möglich, wenn tatsächlich nur ein Diskettenlaufwerk zur Verfügung steht. Ist der Mikrocomputer jedoch mit zwei Laufwerken ausgestattet, erscheint eine Fehlermeldung:

Not ready error reading drive B
Abort, Retry, Ignore?

d.h. es wird eine „Nicht-fertig-Fehlermeldung" ausgegeben, da keine Diskette in Laufwerk B liegt. Es wird gefragt, ob abgebrochen (Abort), das Kopieren noch einmal versucht (Retry) oder die Fehlermeldung ignoriert (Ignore) werden soll.

Durch Eingabe des Buchstabens A wird z. B. der Abbruch gewählt. Es meldet sich anschließend wieder das MS-DOS-Betriebssystem durch Ausgabe von A > bereit.

13.4 Kopieren von Dateigruppen

Durch Verwendung eines Dateigruppennamens lassen sich auch Dateigruppen kopieren.

Beispiel 13.8

In den Laufwerken A und B mögen Disketten mit folgenden Dateien liegen:

```
A>DIR
COMMAND    COM      4959      5-07-82    12:00p
ADD        $$$         0      1-01-80    12:19a
ADD        BAS        58      1-01-80    12:04a
A                     10      1-01-80    12:02a
B                     10      1-01-80    12:03a
C                     10      1-01-80    12:04a
        6 File(s)
A>DIR B:
COMMAND    COM      4959      5-07-82    12:00p
A          TXT        10      1-01-80    12:02a
B          TXT        10      1-01-80    12:03a
C          TXT        10      1-01-80    12:04a
        4 File(s)
```

Es sollen nun die Dateien A.TXT,B.TXT und C.TXT von der Diskette in Laufwerk B zur Diskette in Laufwerk A übertragen werden. Dazu wären eigentlich drei Kopierkommandos nötig. Durch Verwendung eines *Dateigruppennamens* kann man den Kopiervorgang jedoch vereinfachen. Alle drei Dateien haben den gleichen Dateiergänzungsnamen TXT. Das Dateigruppenzeichen * steht für beliebige Dateihauptnamen. Somit ergibt sich folgendes Kopierkommando für die Dateigruppe:

```
A>COPY B:*.TXT
A          TXT
B          TXT
C          TXT
        3 File(s) copied
```

Die jeweils kopierten Dateien werden auf dem Bildschirm durch Angabe des Dateinamens ausgegeben. Zur Kontrolle kann man sich das Dateiinhaltsverzeichnis der Diskette in Laufwerk A wie folgt ausgeben lassen.

```
A>DIR
COMMAND    COM      4959      5-07-82    12:00p
ADD        $$$         0      1-01-80    12:19a
ADD        BAS        58      1-01-80    12:04a
A                     10      1-01-80    12:02a
B                     10      1-01-80    12:03a
C                     10      1-01-80    12:04a
A          TXT        10      1-01-80    12:02a
B          TXT        10      1-01-80    12:03a
C          TXT        10      1-01-80    12:04a
        9 File(s)
A>
```

13.5 Verketten von Dateien

Beim Kopieren von Dateigruppen bleibt jede kopierte Datei eine selbständige Einheit.

> **Teilweise besteht jedoch der Wunsch, aus einzelnen separaten Dateien eine einzige Datei zu bilden. Dies nennt man „verketten von Dateien".**

Das Verketten von Dateien ist mit Hilfe eines MS-DOS-Kopierkommandos möglich.

> **Die Dateien, die zu einer Datei verkettet werden sollen, werden dazu vor der Laufwerksangabe und dem Dateinamen mit einem +-Zeichen versehen und einfach aufgelistet.**

Die allgemeine Form ist somit:

> **COPY LW:Q1 + LW:Q2+ ... +LW:Qn LW:Z ←**

Die Dateien Q1 bis Qn sind die Dateinamen der zu verkettenden Quelldateien auf Disketten in den jeweiligen vor den Dateinamen angegebenen Laufwerken.

Das Laufwerk und der Name der Zieldatei wird am Ende der Liste angegeben. Äußeres Kennzeichen, daß es sich um die Zieldatei handelt, ist das fehlende +-Zeichen vor der Laufwerksangabe, d.h. diese Datei gehört nicht zur Dateikette.

Beispiel 13.9

Es sollen die Dateien A, B und C auf der Diskette in Laufwerk A verkettet werden zu einer Datei mit dem Namen GES. Sie soll auf der gleichen Diskette gespeichert werden.

Dazu dient das folgende Kommando:

```
A>COPY A+B+C GES
        1 File(s) copied
A>DIR
COMMAND   COM      4959    5-07-82    12:00p
ADD       $$$         0    1-01-80    12:19a
ADD       BAS        58    1-01-80    12:04a
A                    10    1-01-80    12:02a
B                    10    1-01-80    12:03a
C                    10    1-01-80    12:04a
A         TXT        10    1-01-80    12:02a
B         TXT        10    1-01-80    12:03a
C         TXT        10    1-01-80    12:04a
GES                  28    1-01-80     1:46a
```

Das DIR-Kommando bestätigt die Speicherung der verketteten Datei GES, wie der obige Ausdruck zeigt. Die Datei GES hat nach der Verkettung den Inhalt:

```
A
A
A
B
B
B
C
C
C
```

13.6 Kopieren von umfangreichen Dateien bzw. Dateigruppen und Dateiketten

Wenn die Speicherkapazität der Zieldiskette nicht ausreicht, die zu kopierenden Dateigruppen bzw. Dateiketten aufzunehmen, weil z. B. die Zieldiskette schon andere Dateien enthält, so sagt man: „Die Diskette läuft über". Dies ist zu vermeiden.

Um ein Überlaufen von Disketten zu vermeiden, sollte man folgende Schritte vor dem Kopieren aufeinanderfolgen lassen:

1. Benötigte Speicherkapazität der Quelldateien ermitteln.

Dies ist mit Hilfe des DIR-Kommandos möglich.

Beispiel 13.10

Aus dem Inhaltsverzeichnis der Diskette in Laufwerk B des Beispiels 13.8 ist zu entnehmen, daß die Quelldateien A.TXT,B.TXT und C.TXT je 10 Byte Speicherkapazität benötigen, d. h. insgesamt 30 Byte.

---

2. Freie Speicherkapazität auf der Zieldiskette ermitteln.

Dies ist ebenfalls mit Hilfe des DIR-Kommandos möglich.

Beispiel 13.11

Aus dem Inhaltsverzeichnis der Diskette in Laufwerk A des Beispiels 13.8 ist zu entnehmen, daß die schon darauf gespeicherten Dateien

```
4959
  58
  10
  10
  10
5047 Byte
```

benötigen.

---

3. Feststellen, ob die Speicherkapazität auf der Zieldiskette ausreicht.

Beispiel 13.12

Es ist in dem genannten Beispiel genügend Speicherkapazität auf der Zieldiskette vorhanden, um die Dateigruppe A.TXT, B.TXT und C.TXT (Beispiel 13.10) auf der Diskette in Laufwerk A unterzubringen (Beispiel 13.11).

13.7 Steuerparameter beim Kopieren von Dateien

Mit einer Reihe von Steuerparametern kann der Kopiervorgang beeinflußt werden.

Es gibt einen Steuerparameter, der zu einer *Überprüfung* der kopierten Daten führt. Wenn Fehler beim Übertragen aufgetreten sind, erscheint eine Fehlermeldung. Dieser zusätzliche Überprüfungsaufwand geht natürlich auf Kosten der Kopierzeit.

Weiterhin gibt es Steuerparameter, die die Dateien entweder im ASCII-Code oder in einem *komprimierten* Binärcode kopieren, ein *Dateiendezeichen* anfügen bzw. nicht anfügen und dergleichen.

Darauf soll hier nicht weiter eingegangen werden.

13.8 Sonderfälle

> **Anstelle der Dateinamen können im COPY-Kommando auch spezielle Schlüsselworte treten.**

Dadurch wird es möglich, Dateien nicht nur zwischen den Laufwerken der Disketten und dem Arbeitsspeicher verkehren zu lassen, sondern Dateien auch zu anderen Geräten zu senden bzw. von anderen Geräten zu empfangen.

Die Schlüsselworte und die zugeordneten Geräte sind:

Schlüsselworte	Geräte
CON:	Konsole (engl.: Console) Dieser Begriff steht für die Tastatur bzw. für den Bildschirm, jenachdem, ob Daten gesendet oder empfangen werden sollen.
LPT 1: PRN:	Drucker (engl.: Line Printer bzw. kurz Printer).
AUX: COM 1:	Asynchroner Kommunikationsadapter.

Beispiel 13.13

Es soll der Inhalt der Datei ADD.BAS, die auf einer Diskette in Laufwerk A gespeichert sei, mit Hilfe des COPY-Kommandos zum Bildschirm gesendet werden. Das Kommando lautet:

COPY ADD.BAS CON: ←

13.9 Zusammenfassung

Das COPY-Kommando dient zum Kopieren von Dateien.

Das Fahrnetz ist:

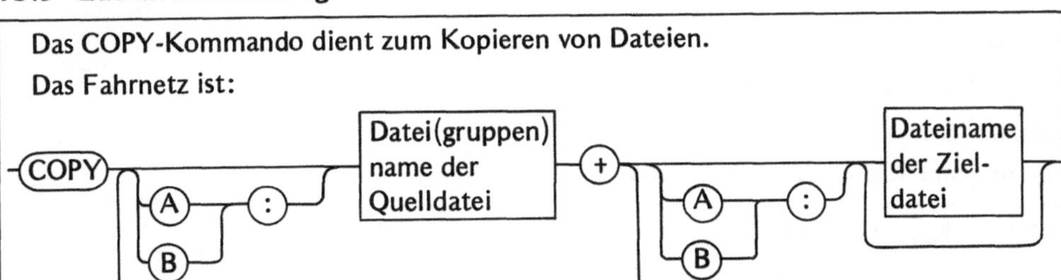

Wird das Systemlaufwerk A benutzt, kann die Laufwerksangabe entfallen.

Soll die Zieldatei den gleichen Dateinamen aufweisen wie die Quelldatei, so ist dies nur bei Benutzung von zwei Disketten möglich. In diesem Fall kann der Name der Zieldatei entfallen.

Durch Verwendung eines Dateigruppennamens lassen sich auch Dateigruppen kopieren.

Bildet man aus einzelnen separaten Dateien eine einzige Datei, so nennt man dies „verketten von Dateien".

Die Dateien, die zu einer Datei verkettet werden sollen, werden durch + Zeichen versehen einfach hintereinander in der gewünschten Reihenfolge aufgelistet (siehe Fahrnetz).

Um bei umfangreichen Dateien bzw. Dateigruppen ein Überlaufen von Disketten zu vermeiden, sollte man folgende Schritte vor dem Kopieren aufeinander folgen lassen:

● Benötigte Speicherkapazität der Quelldateien ermitteln.
● Freie Speicherkapazität auf der Zieldiskette ermitteln.
● Feststellen, ob die Speicherkapazität auf der Zieldiskette ausreicht.

Anstelle der Dateinamen können im COPY-Kommando auch spezielle Schlüsselworte treten. Außerdem kann mit einer Reihe von Steuerparametern der Kopiervorgang beeinflußt werden.

13.10

Übungsaufgaben

Die Lösungen der Übungsaufgaben befinden sich in Kap. 26.

Aufgabe 13.1

Sind folgende Kopierkommandos erlaubt?

Nr.	Kopierkommando	Ja	Nein	Erläuterung
1	COPY BSP2 BSP	○	○	
2	COPY BSP B:	○	○	
3	COPY B:BSP BSP3	○	○	
4	COPY B:BSP A:BSP3	○	○	
5	COPY BSP? B:	○	○	
6	COPY *.COM B:	○	○	

Aufgabe 13.2

Es stellt sich heraus, daß die Datei BSP1 verfälscht wurde. Es existiert auf der gleichen Diskette eine Sicherungsdatei BSP1.BAK. Mit Hilfe dieser Sicherungsdatei soll eine korrekte Datei erstellt werden. Dazu muß diese zunächst umbenannt werden. Geben Sie das zugehörige Kommando an.

Aufgabe 13.3

Sind folgende Kommandos zum Verketten von Dateien richtig?

Nr.	Kommando	Ja	Nein	Erläuterung
1	COPY ADD.BAS, SUB.BAS	○	○	
2	COPY HP+UP1+UP2+UP3	○	○	
3	COPY A+B C	○	○	
4	COPY A+B B:C	○	○	
5	COPY A+B:B C	○	○	

14 Das DISKCOPY-Kommando

14.1 Das allgemeine Kopierkommando für ganze Disketteninhalte

> **Das DISKCOPY-Kommando hat die Aufgabe, den gesamten Disketteninhalt einer Diskette auf eine andere Diskette zu kopieren.**

Der wesentliche Unterschied zum COPY-Kommando ist somit, daß nicht einzelne Dateien Kopiert werden können, sondern stets die Gesamtheit *aller* Dateien auf einer Diskette.

Dies wäre auch mit Hilfe des COPY-Kommandos möglich, wenn der Dateigruppenname *.* verwendet wird (vgl. Abschnitt 8.5). Auf den dennoch bestehenden Unterschied zum DISKCOPY-Kommando wird später eingegangen. Zunächst soll das DISKCOPY-Kommando näher besprochen werden.

> **Das DISKCOPY-Kommando ist ein Kommando, das vor der Benutzung stets von der MS-DOS-Systemdiskette zu laden ist (vgl. Abschnitt 9.2).**

Außerdem ist anzumerken, daß bei Verwendung des DISKCOPY-Kommandos *nur* die Dateien kopiert werden, die im Dateiinhaltsverzeichnis der Diskette aufgeführt sind. Die Systemdateien IBM BIOS und IBM BDOS werden nicht kopiert, auch wenn sie auf der Originaldiskette vorhanden sind.

> **Die allgemeine Form des DISKCOPY-Kommandos lautet:**
>
> **DISKCOPY ␣ Laufwerksangabe1: ␣ Laufwerksangabe2: ↵**

Hierbei ist:

DISKCOPY	Schlüsselwort
Laufwerksangabe 1	Angabe des <u>Q</u>uellaufwerks (Laufwerk, in dem das Original, die Datenquelle, liegt).
Laufwerksangabe 2	Angabe des <u>Z</u>iellaufwerks (Laufwerk, in dem die Kopie erstellt werden soll).

> **Möchte man bei zweiseitigen Disketten nur die erste Seite einer Diskette kopieren, so kann man an das Kommando den Parameter /1 anhängen.**
>
> **Weiterhin ist anzumerken, daß die Diskette, die die Kopie aufnehmen soll, formatiert sein muß.**

Diskettenkopie auf das Systemlaufwerk

> **Fehlt die Laufwerksangabe 2 (Ziellaufwerk), so wird das Systemlaufwerk A als Ziellaufwerk angesehen.**

Die Laufwerksangabe 1 (Quellaufwerk) muß B sein, wenn die Laufwerksangabe 2 (Ziellaufwerk) fehlt und zwei Laufwerke benutzt werden.

Diskettenkopie mit einem Laufwerk

Fehlt die Laufwerksangabe 2 (Ziellaufwerk), so wird ebenfalls das Systemlaufwerk A als Ziellaufwerk angesehen. Wird aber nun als Laufwerksangabe 1 (Quellaufwerk) das Systemlaufwerk A angegeben, so bedeutet das, daß Quelle und Ziel auf einem Laufwerk (A) eingelegt werden. Auf diese Weise lassen sich Diskettenkopien auch auf nur einem Laufwerk erstellen.

Einfacher ist es jedoch in diesem Fall, gleich beide Laufwerksangaben entfallen zu lassen. Auf diese Weise lassen sich ebenfalls Diskettenkopien auf einem Laufwerk erstellen.

14.2 Diskettenkopierbeispiele

Beispiel 14.1

Kopieren von Disketteninhalten, wenn zwei Laufwerke vorhanden sind

1. DOS-Starten und warten, bis das Systembereitschaftszeichen A > erscheint.
2. Eingeben des Kommandos
   DISKCOPY ⊔A:⊔B: ↵
3. Das System gibt folgende Anweisung auf dem Bildschirm aus:

```
Insert source diskette in drive A:

Insert target diskette in drive B:

Strike any key when ready
```

d. h. es soll die Quelldiskette in Laufwerk A eingelegt werden (vorher MS-DOS-Diskette entfernen!).

Die Zieldiskette soll in Laufwerk B eingelegt werden. Anschließend ist eine beliebige Taste zu drücken.

Folgende Dateien mögen auf den Disketten vorhanden sein:

```
A>DIR
COMMAND   COM     4959     5-07-82    12:00p
BSP       BAS       58     1-01-80    12:04a
          2 File(s)
A>DIR B:
COMMAND   COM     4959     5-07-82    12:00p
ADD                 10     1-01-80    12:02a
B         TXT       10     1-01-80    12:03a
C         TXT       10     1-01-80    12:04a
          4 File(s)
```

Wird eine beliebige Taste gedrückt, erscheint folgende Meldung während des Kopierens:

```
Copying 2 side(s)

Copy complete

Copy another (Y/N)?N
```

d.h.

Es werden 2 Seiten kopiert.

*Nach*dem der Kopiervorgang beendet ist, erscheint die Meldung auf dem Bildschirm:

Kopie fertig.

und die Anfrage:

Eine weitere Kopie (Ja/Nein)?

4. Soll keine weitere Kopie angefertigt werden, wird die Taste N für engl.: „NO" (nein) gedrückt. Anschließend wird das Systembereitschaftszeichen A > ausgegeben.

5. Kontrolle mit Hilfe des DIR-Kommandos

```
A>DIR
COMMAND     COM        4959      5-07-82    12:00p
BSP         BAS          58      1-01-80    12:04a
            2 File(s)
A>
DIR B:
COMMAND     COM        4959      5-07-82    12:00p
BSP         BAS          58      1-01-80    12:04a
            2 File(s)
```

Wie man erkennt, wurde der ursprüngliche Inhalt auf der Diskette in Laufwerk B durch den Inhalt der Diskette in Laufwerk A überschrieben. In Laufwerk B ist somit die Kopie von Laufwerk A.

Beispiel 14.2

Kopieren von Disketteninhalten, wenn nur ein Laufwerk vorhanden ist.

1. MS-DOS laden. Warten bis A > erscheint.
2. Kommando DISKCOPY ←eingeben.
3. Ausgabe auf dem Bildschirm

   Insert source diskette in drive A.

   Strike any key when ready.

   Wie der englische Text besagt, soll die Quelldiskette in Laufwerk A gelegt werden. Dazu muß vorher die MS-DOS-Diskette entfernt werden. Anschließend soll eine beliebige Taste gedrückt werden. Daraufhin werden die Daten von der Quelldiskette in den Arbeitsspeicher übertragen. Wenn das geschehen ist, erfolgt folgende Meldung:

4. Insert target diskette in drive B.

   Strike any key when ready.

   Dieser engl. Text fordert den Benutzer auf, die Zieldiskette in Laufwerk B zu legen. Dazu muß die Quelldiskette vorher entnommen werden. Anschließend muß eine beliebige Taste gedrückt werden.

   Danach werden die Daten aus dem Arbeitsspeicher auf die Zieldiskette übertragen. Wenn dies beendet ist, erscheint folgende Meldung:

5. Copy complete
   Copy another (Y/N)?

   Dieser engl. Text meldet:

   Kopie beendet. Wollen Sie noch eine weitere Kopie? Falls ja, geben Sie Y ein, ansonsten N.

14.3 Unterschied zwischen dem DISKCOPY und dem COPY-Kommando

Mit Hilfe des Kopierkommandos

COPY *.* B:

ließen sich auch alle Dateien der Diskette in Laufwerk A auf die Diskette in Laufwerk B übertragen, wie mit dem DISKCOPY-Kommando

DISKCOPY A:␣B:

Dabei bestehen jedoch folgende Unterschiede:

> - **Bei Verwendung des DISKCOPY-Kommandos wird eine Diskettenkopie erzeugt, die dem Original in allen Details gleicht.**
> - **Bei Verwendung des COPY-Kommandos wird Datei für Datei kopiert. Dabei werden die Sektoren einer Datei optimal aneinandergereiht. Dadurch verbessert sich die Zugriffszeit zu den Dateien.**

14.4 Zusammenfassung

> Das DISKCOPY-Kommando hat die Aufgabe, den gesamten Disketteninhalt einer Diskette auf eine andere Diskette zu kopieren. Das DISKCOPY-Kommando ist ein Kommando, das vor der Benutzung stets von der MS-DOS-Systemdiskette zu laden ist.
>
> Das Fahrnetz ist:
>
> 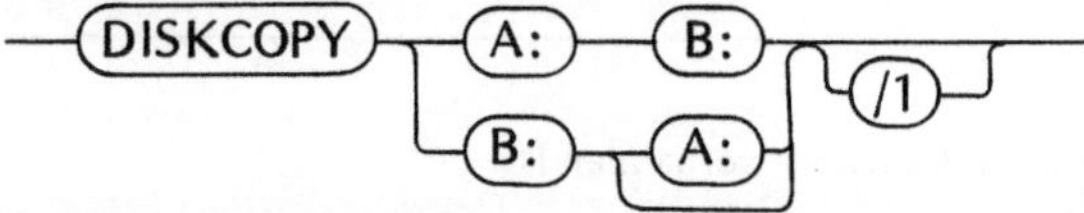
>
> Die Diskette, die die Kopie aufnehmen soll, muß formatiert sein. Gespeicherte Daten werden von der Kopie überschrieben.

14.5 Übungsaufgaben

Die Lösungen der Übungsaufgaben befinden sich in Kap. 26.

Aufgabe 14.1

Sie wollen die 1. Seite einer Diskette in Laufwerk A vollständig auf eine Diskette in Laufwerk B kopieren. Wie lautet das MS-DOS-Kommando?

15 Das SYS-Kommando

Hat man die MS-DOS-Betriebssystemdateien IBMBIO.COM und IBMDOS.COM beim Formatieren der Disketten nicht gleich mit übertragen (vgl. Kap. 7), so besteht die Möglichkeit, dies mit Hilfe des SYS-Kommandos nachzuholen. Dies ist auch vielfach erforderlich,
wenn eine Anwenderprogrammdiskette ohne MS-DOS gekauft wurde, diese aber unter
MS-DOS ablaufen soll. Nur dann lassen sich auch für Anwenderdisketten die Möglichkeiten von MS-DOS nutzen, ohne erst die Disketten zu wechseln.

**Mit Hilfe des SYS-Kommandos kann eine Kopie von MS-DOS auf eine Anwender-
programmdiskette übertragen werden.**

Die allgemeine Form des SYS-Kommandos ist:

> **SYS Laufwerksangabe:**

Dem Benutzer wird die Übertragung der Systemdateien wie folgt gemeldet:

System transferred

d. h. das System wurde übertragen

Beispiel 15.1

SYS␣B:

Auch hierbei ist es wesentlich, daß die Diskette, die das MS-DOS-Betriebssystem aufnehmen soll, vorher richtig formatiert wurde (vgl. Kap. 7).

Mit Hilfe des SYS-Kommandos werden nur die dauerhaft im Arbeitsspeicher gespeicherten MS-DOS-Kommandos übertragen (vgl. Abschnitt 9.1). Von der Systemdiskette ladbare Kommandos wie z. B. DISKCOPY, EDLIN u. dgl. müssen separat, z. B. mit Hilfe des
COPY-Kommandos übertragen werden.

16 Das TYPE-Kommando

Bislang wurden *Dateiinhalte* mit Hilfe des Editors auf dem Bildschirm ausgegeben.
Dieses Verfahren ist relativ umständlich, wie Beispiel 16.1 zeigt.

Beispiel 16.1
Es liegt eine Diskette mit folgenden Dateien im Laufwerk A:

```
A>dir
COMMAND    COM      4959    5-07-82    12:00p
ADD        $$$         0    1-01-80    12:19a
ADD        BAS        58    1-01-80    12:04a
A                     10    1-01-80    12:02a
B                     10    1-01-80    12:03a
C                     10    1-01-80    12:04a
A          TXT        10    1-01-80    12:02a
B          TXT        10    1-01-80    12:03a
C          TXT        10    1-01-80    12:04a
GES                   28    1-01-80     1:46a
        10 File(s)
```

Soll der Inhalt der Datei GES auf dem Bildschirm ausgegeben werden, so führt das Kommando

```
A>EDLIN GES
Bad command or file name
```

zu einer Fehlermeldung (bad command or file name, d. h. falsches Kommando oder Dateiname).

Die Ausgabe des Dateiinhaltes der Datei GES gelingt nicht, da das EDLIN-Kommando ein von der Systemdiskette ladbares Kommando ist. Diese Datei ist jedoch nicht auf der Diskette, wie das Inhaltsverzeichnis zeigt. Es muß somit diese Diskette dem Laufwerk A entnommen werden und gegen die Systemdiskette ausgetauscht werden. Die Diskette mit der Datei GES wird hingegen vor der Ausgabe des Dateiinhaltes mit Hilfe des EDLIN-Kommandos in das Laufwerk B gelegt und anschließend MS-DOS gestartet. Gibt man jetzt das EDLIN-Kommando ein, kann mit Hilfe des Editor-Befehls L der Dateiinhalt der Datei GES ausgegeben werden (vgl. Abschnitt 12.5.2). Der Editor kann ohne erneutes Speichern mit Hilfe des Editor-Befehls Q verlassen werden. Den gesamten Vorgang zum Anzeigen von Dateiinhalten zeigt folgender Ausdruck:

```
A>EDLIN B:GES
End of input file
*L
        1:*A
        2: A
        3: A
        4: B
        5: B
        6: B
        7: C
        8: C
        9: C
*Q
Abort edit (Y/N)? Y
A>
```

Dieses Verfahren zur Ausgabe von Dateiinhalten ist, wie schon gesagt wurde, relativ umständlich.

Möchte man nur den Dateiinhalt einer bestimmten Datei auf dem Bildschirm ausgeben, so ist es einfacher, das TYPE-Kommando zu verwenden.

Das TYPE-Kommando ist ein *dauerhaft* im Arbeitsspeicher gespeichertes Kommando, d.h. nach dem Laden des MS-DOS-Betriebssystems ist dieses MS-DOS-Kommando im Arbeitsspeicher vorhanden, so daß die MS-DOS-Diskette selbst nicht mehr benötigt wird, wenn Dateiinhalte von Disketten auf dem Bildschirm ausgegeben werden sollen. Dies ist ein wichtiger Unterschied zum EDLIN-Kommando.

> **Die allgemeine Form des TYPE-Kommandos ist:**
>
> > **TYPE Laufwerksangabe: Dateiname** ↵

> **Mit diesem Type-Kommando kann jede ASCII-Datei auf einfache Weise schnell auf dem Bildschirm angezeigt werden.**

Dies ist in der Praxis wichtig,

- z. B. zum Überprüfen, welchen Inhalt die Datei aufweist,
- oder um zu sehen, ob der Inhalt der Datei Fehler enthält.

Ist man sich sicher, daß die Datei *verändert* werden muß, empfiehlt es sich hingegen, gleich mit dem Editor EDLIN zu arbeiten.

Beispiel 16.2

Es soll der Inhalt der Datei GES, die sich auf einer Diskette in Laufwerk B befindet, mit Hilfe des TYPE-Kommandos auf dem Bildschirm ausgegeben werden. Dazu dient das Kommando:

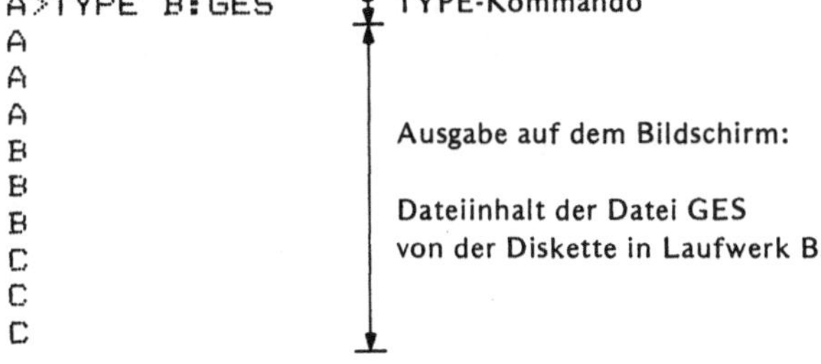

Beispiel 16.3

Auf einer Diskette in Laufwerk B sind folgende Dateien enthalten:

```
A>DIR B:
COMMAND   COM     4959     5-07-82    12:00p
ADD       $$$        0     1-01-80    12:19a
ADD       BAS       58     1-01-80    12:04a
A                   10     1-01-80    12:02a
B                   10     1-01-80    12:03a
C                   10     1-01-80    12:04a
A         TXT       10     1-01-80    12:02a
B         TXT       10     1-01-80    12:03a
C         TXT       10     1-01-80    12:04a
GES                 28     1-01-80     1:46a
        10 File(s)
```

Es wird nun folgendes Kommando gegeben:

```
A>
TYPE B:*.TXT
A
A
A
```

Man würde nun erwarten, daß aufgrund des Dateigruppenzeichen * die Inhalte der Dateien A.TXT, B.TXT und C.TXT auf dem Bildschirm ausgegeben werden. Es wird jedoch nur der Inhalt der ersten Datei ausgegeben.

Gibt man das Kommando

TYPE B:ADD.*

wird keine der beiden im Inhaltsverzeichnis angegebenen Dateien ADD.$$$ bzw. ADD.BAS ausgegeben.

Dieses Beispiel zeigt, daß keine Dateigruppen mit Hilfe des TYPE-Kommandos ausgegeben werden können, sondern nur einzelne Dateien.

Weist eine Datei mehr als 24 Zeilen auf, d.h. mehr Zeilen als auf dem Bildschirm darstellbar sind, so fangen die Zeilen an, sich zum oberen Rand hin wegzubewegen. Neue Zeilen rücken von unten nach. Man spricht vom „Rollen" (engl.: scrolling) des Bildschirminhaltes.

Dies ist störend, wenn ein Teil einer Datei gezielt genauer betrachtet werden soll.

Mit Hilfe der Steuertasten

| Ctrl | und | Num Lock | bzw. | Ctrl | und | S |

läßt sich zum Zeitpunkt des Drückens die Bildschirmausgabe anhalten.

Man hat anschließend Zeit, sich die Ausgabe genau zu betrachten.

Durch Drücken einer beliebigen Taste kann die Ausgabe fortgesetzt werden.

Beispiel 16.4

Es wird mit Hilfes des Kommandos EDLIN eine neue Datei ROL erzeugt, die in 50 Zeilen die Zahlen 1 bis 50 enthält. Der Dateiinhalt wird anschließend mit Hilfe des TYPE-Kommandos auf dem Bildschirm ausgegeben.

```
A>EDLIN B:ROL
New file
*I
      1:*1
      2:*2
      3:*3
      4:*4
      5:*5
      6:*6
      7:*7
      8:*8
        .
        .
        .
     5Ø:*50
     51:* ^ C
  *E
A>TYPE B:ROL
```

Die Ausgabe wird zu beliebigen Zeiten durch Drücken der Tasten [Ctrl] und [NumLock] unterbrochen. Fortgesetzt wird die Ausgabe durch Drücken einer beliebigen Zeichentaste.

Zusammenfassung

Mit Hilfe des TYPE-Kommandos können ASCII-Dateien auf dem Bildschirm ausgegeben werden.

Das Fahrnetz des TYPE-Kommandos ist:

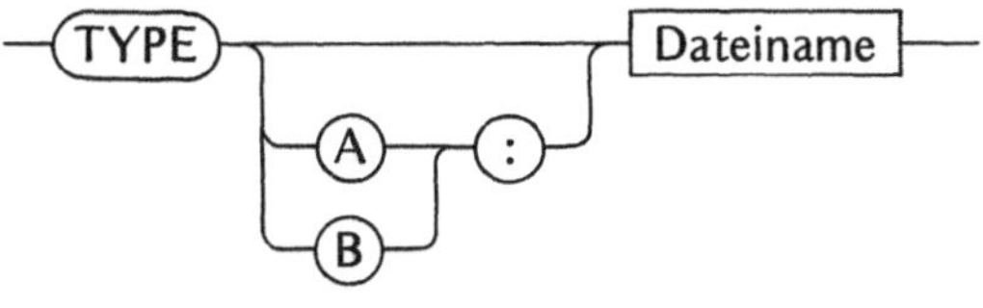

Die Ausgabe von Dateigruppen ist nicht möglich.

Mit Hilfe der Steuertasten

läßt sich zum Zeitpunkt des Drückens die Bildschirmausgabe anhalten. Durch Drücken einer beliebigen Taste kann die Ausgabe fortgesetzt werden.

Übungsaufgabe 16.1

Die Lösung der Übungsaufgabe befindet sich in Kap. 26.

Sind folgende TYPE-Kommandos erlaubt?

Nr.	Kommando	Ja	Nein	Erläuterung
1	TYPE BSP	○	○	
2	TYPE B:MULT.BAS	○	○	
3	TYPE B:SUB?	○	○	
4	TYPE EDLIN.COM	○	○	

17 Ausdruck der Bildschirmausgabe

Der Anwender hat vielfach den Wunsch, Ausgaben, die auf dem Bildschirm erscheinen, auch auf Papier ausdrucken zu lassen, wie z. B.

- Ausdruck des Dateiinhaltsverzeichnisses zur Dokumentation,
- Ausdruck der Eingaben (Kommandos) des Anwenders,
- Ausgabe von Dateiinhalten.

MS-DOS bietet *zwei Möglichkeiten*, alles das, was auf dem Bildschirm ausgegeben wird, auszudrucken:

17.1 Ausgabe auf dem Drucker parallel zur Bildschirmausgabe

> **Drückt man die Steuertasten**
>
> `Ctrl` und `PrtSc`   bzw.   `Ctrl` und `P`
>
> **gleichzeitig, so wird alles das, was anschließend auf dem Bildschirm ausgegeben wird, gleichzeitig parallel auf dem Drucker ausgegeben.**

Das Druckbild entspricht exakt dem Bild, das sich bei der Ausgabe auf dem Bildschirm ergibt.

Nachteilig ist, daß bei *fehlerhaften Eingaben*, die auf dem Bildschirm protokolliert werden und z. B. anschließend zur Korrektur mit der Rückschritt-Taste `←` auf dem Bildschirm gelöscht werden, auf dem Drucker als Fehler erhalten bleiben, da die fehlerhaften Zeichen auch auf dem Drucker protokolliert wurden, aber nicht, wie auf dem Bildschirm, mit der Rückschritt-Taste gelöscht werden konnten.

> **Soll der Druckvorgang beendet werden, so sind die Steuertasten `Ctrl` und `PrtSc` noch einmal zu drücken.**

17.2 Ausdruck des momentanen Bildschirminhaltes auf dem Drucker

> **Drückt man zunächst die Steuertaste `⇧` und anschließend die Taste `PrtSc` , so wird der momentane Bildschirminhalt auf dem Drucker ausgegeben.**

Dies bedeutet, daß höchstens so viele Zeilen gedruckt werden, wie der Bildschirm Zeilen aufweist.

Eine Beendung des Druckkommandos ist nicht erforderlich.

17.3 Ausdruck von Dateiinhalten

Da die Dateiinhalte oft mehr Zeilen aufweisen als der Bildschirm, empfiehlt sich als Druckkomanndo zum Ausdrucken von Dateiinhalten:

Ctrl + PrtSc	Parallelschalten des Druckers zum Bildschirm.
TYPE ␣ Laufwerksangabe: Dateiname ↵	Ausdruck des Dateiinhaltes.
Ctrl + PrtSc	Druckerparallelschaltung abschalten.

Das TYPE-Kommando selbst wird ebenfalls ausgedruckt.

17.4 Ausdruck des Dateiinhaltsverzeichnisses

Ctrl + PrtSc
DIR ␣ Laufwerksangabe: Dateiname ↵
Ctrl + PrtSc

Da die Inhaltsverzeichnisse im allgemeinen nicht sehr lang sind, ist auch folgendes Druckkommando möglich:

DIR ␣ Laufwerksangabe: Dateiname ↵	Ausgabe des Dateiinhaltsverzeichnisses auf dem Bildschirm.
⇧ + PrtSc	Ausdruck des momentanen Bildschirminhaltes.

An dem Beispiel erkennt man einen Unterschied deutlich.

Im ersten Fall muß das Druckkommando *vor* dem eigentlichen Druck erfolgen, im zweiten Fall *nach* Ausgabe auf dem Bildschirm.

Der zweite Fall läßt dem Anwender somit die Möglichkeit, in Ruhe zu entscheiden, ob man den Bildschirminhalt wirklich drucken möchte.

17.5 Zusammenfassung

> Drückt man die Steuertasten
>
> $\boxed{\text{Ctrl}}$ und $\boxed{\text{PrtSc}}$ bzw. $\boxed{\text{Ctrl}}$ und $\boxed{\text{P}}$
>
> gleichzeitig, so wird alles das, was anschließend auf dem Bildschirm ausgegeben wird, gleichzeitig parallel auf dem Drucker ausgegeben.
>
> Soll der Druckvorgang beendet werden, so sind die Steuertasten
>
> $\boxed{\text{Ctrl}}$ und $\boxed{\text{PrtSc}}$
>
> noch einmal zu drücken.
>
> Drückt man die Steuertasten
>
> $\boxed{\Uparrow}$ und $\boxed{\text{PrtSc}}$,
>
> so wird der momentane Bildschirminhalt auf dem Drucker ausgegeben.

17.6 Übungsaufgabe

Die Lösung der Übungsaufgabe befindet sich in Kap. 26.

Aufgabe 17.1

Sie wollen sich den Statusbericht einer Diskette in Laufwerk B über den Drucker ausgeben lassen.

Wie lautet die Kommandofolge?

18 Das ERASE- oder DEL-Kommando

Bislang wurden nur Dateien auf den Disketten gespeichert. Es muß jedoch auch für den Anwender die Möglichkeit bestehen, Dateien, die nicht mehr benötigt werden, von den Disketten zu *löschen*. Dazu dient sowohl das ERASE- als auch das DEL-Kommando (erase bedeutet ebenso wie die Kurzform del für delete zu deutsch: löschen).

Dateien können mit Hilfe der folgenden Kommandos gelöscht werden:

> **ERASE Laufwerksangabe: Datei(gruppen)name ↵**   bzw.

> **DEL Laufwerksangabe: Datei(gruppen)name ↵**

Diese Löschkommandos sind nach dem Laden von MS-DOS dauerhaft im Arbeitsspeicher gespeichert.

Befindet sich die Datei auf einer Diskette im Systemlaufwerk A, kann die Laufwerksangabe entfallen.

Es wird keine Meldung auf dem Bildschirm ausgegeben, daß eine Datei(gruppe) gelöscht wurde.

Einziges Anzeichen ist die Ausgabe des Systembereitschaftszeichens A >. Daher sollte man stets nach dem Löschen das Dateiinhaltsverzeichnis daraufhin überprüfen.

Da vom Eingabeaufwand das Kommando DEL kürzer ist, wird es meist bevorzugt.

Es können auch Dateigruppenzeichen in den Dateinamen verwendet werden.

So können größere Dateibestände ökonomisch gelöscht werden. Die Dateigruppenzeichen sollten jedoch im Zusammenhang mit dem Löschkommando mit Vorsicht verwendet werden, da man auf diese Weise leicht Dateien löschen kann, die man eigentlich nicht löschen wollte. Es empfiehlt sich, vor dem Löschen das Dateiinhaltsverzeichnis genau zu betrachten.

Beispiel 18.1

Es soll von folgenden Dateien auf einer Diskette in Laufwerk B ausgegangen werden:

```
A>DIR B:
COMMAND   COM    4959    5-07-82   12:00p
ADD       $$$       0    1-01-80   12:19a
ADD       BAS      58    1-01-80   12:04a
A                  10    1-01-80   12:02a
B                  10    1-01-80   12:03a
C                  10    1-01-80   12:04a
A         TXT      10    1-01-80   12:02a
B         TXT      10    1-01-80   12:03a
C         TXT      10    1-01-80   12:04a
GES                28    1-01-80    1:46a
ROL               113    1-01-80   12:30a
        11 File(s)
A>DEL B:*.*
Are you sure (Y/N)? N
A>
```

Nach der Ausgabe des Dateiinhaltsverzeichnisses wird das Löschkommando für *alle* Dateien (Dateigruppenname *.*) auf der Diskette in Laufwerk B gegeben.

Da dieses Kommando zwar sehr effektiv, aber auch gefährlich ist, wird vor der Ausführung des Kommandos vom System gefragt:

> Are you sure (Y/N)?

d.h.: Sind Sie sicher? Wenn ja, soll Y (für engl.: Yes, d.h. ja) eingegeben werden,

> im anderen Falle N (für engl.: No, d.h. nein).

Da mit Hilfe dieser Dateien noch andere Löschvorgänge betrachtet werden sollen, wird N gedrückt und somit keine Datei gelöscht. Es erscheint anschließend das Systembereitschaftszeichen A >.

Beispiel 18.2

Es sollen die Dateien A.TXT, B.TXT und C.TXT gelöscht werden. Diese Dateigruppe wird mit folgendem Löschkommando gelöscht:

> A > DEL ⊔ B:*.TXT ↵

Mit Hilfe des DIR-Kommandos DIR ⊔ B: kann überprüft werden, ob die Löschung erfolgreich war. Dies zeigt der folgende Ausdruck.

```
A>DIR B:
COMMAND   COM    4959    5-07-82   12:00p
ADD       $$$       0    1-01-80   12:19a
ADD       BAS      58    1-01-80   12:04a
A                  10    1-01-80   12:02a
B                  10    1-01-80   12:03a
C                  10    1-01-80   12:04a
GES                28    1-01-80    1:46a
ROL               113    1-01-80   12:30a
        8 File(s)
```

Beispiel 18.3

Es sollen weiterhin die Dateien A, B und C gelöscht werden. Diese Dateigruppe wird mit folgendem Löschkommando gelöscht.

>   A > DEL␣B:? ↵

Das Dateiinhaltsverzeichnis zeigt, daß die Löschung erfolgreich war.

```
A>DIR B:
COMMAND    COM      4959     5-07-82    12:00p
ADD        $$$         0     1-01-80    12:19a
ADD        BAS        58     1-01-80    12:04a
GES                   28     1-01-80     1:46a
ROL                  113     1-01-80    12:30a
        5 File(s)
```

Beispiel 18.4

Im Anschluß zum vorhergehenden Beispiel sollen die Dateien GES und ROL gelöscht werden.
Man gibt dazu folgendes Löschkommando:

>   DEL␣B:??? ↵

Zur Kontrolle läßt man sich das Dateiinhaltsverzeichnis wie bekannt ausgeben.

Man wird erkennen, daß diese Dateien gelöscht wurden. Die Dateien ADD.$$$ und ADD.BAS wurden nicht gelöscht, obwohl der Dateihauptname ebenfalls aus drei Zeichen besteht. Sie unterscheiden sich jedoch im Dateiergänzungsnamen.

Beispiel 18.5

Es soll die Datei BSP, die gar nicht auf der Diskette vorhanden ist, gelöscht werden. Das Löschkommando lautet:

>   DEL␣B:BSP ↵

Es erscheint die Fehlermeldung:

>   ┌─────────────────────┐
>   │ File not found   │
>   └─────────────────────┘

d.h.   Datei nicht gefunden

Beispiel 18.6

Überklebt man die Schreibschutzkerbe der Diskette in Laufwerk B und gibt das Löschkommando für die auf der Diskette vorhandene Datei ADD.BAS

>   DEL␣B:ADD.BAS ↵

so erscheint die Fehlermeldung:

>   ┌────────────────────────────────────┐
>   │ Write protect error writing drive B │
>   │ Abort, Retry, Ignore?   │
>   └────────────────────────────────────┘

Es wird hiermit auf englisch auf den Schreibschutz (write protect) in Laufwerk B (drive B) hingewiesen. Durch Drücken der Taste A (Abort) wird das Löschkommando abgebrochen und man gelangt zurück zum DOS-Bereitschaftszeichen A >.

Zusammenfassung

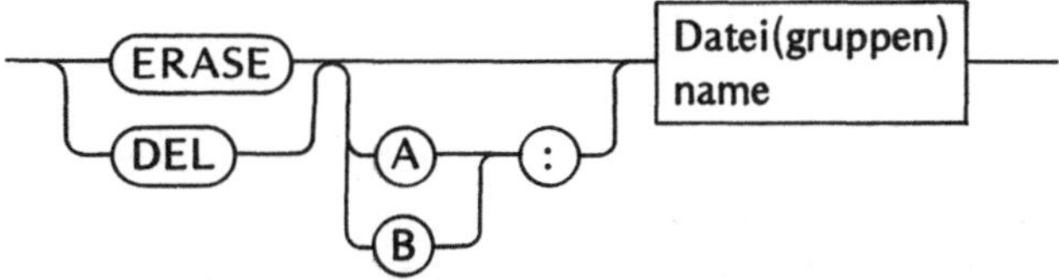

Mit Hilfe des DEL bzw. ERASE-Kommandos können Dateien und Dateigruppen gelöscht werden.

Das Fahrnetz für das Löschkommando von Dateien ist:

Diese Löschkommandos sind nach dem Laden von MS-DOS dauerhaft im Arbeitsspeicher gespeichert.

Übungsaufgaben

Die Lösungen der Übungsaufgaben befinden sich in Kap. 26.

Aufgabe 18.1
Sie haben auf einer Diskette in Laufwerk B die Dateien BSP.BAS, BSP.$$ $, und BSP.COM. Sie sollen gelöscht werden. Geben Sie das Löschkommando an.

Aufgabe 18.2
Sie haben das Löschkommando

DEL *.*

eingegeben. Gibt es noch eine Möglichkeit, das Löschkommando rückgängig zu machen?

Aufgabe 18.3
Das MS-DOS gibt keine Meldung über den Bildschirm aus, daß nach Eingabe eines Löschkommandos die angegebenen Dateien tatsächlich gelöscht wurden. Wie läßt sich das erfolgreiche Löschen von Dateien dennoch überprüfen?

19 Das RENAME-Kommando

Der Anwender hat in manchen Fällen den Wunsch, Dateien umzubenennen. Dies ist mit dem bekannten Kopierkommando COPY möglich. Dazu wird eine Kopie mit Hilfe des COPY-Kommandos mit dem gewünschten neuen Dateinamen erstellt und anschließend die alte Datei mit Hilfe des ERASE- bzw. DEL-Kommandos gelöscht, d.h. zum Umbenennen einer Datei ist folgende Kommandofolge bei Benutzung des Systemlaufwerkes A notwendig:

> **COPY ⊔ Alter Dateiname ⊔ Neuer Dateiname ↵**
> **DEL Alter Dateiname ↵**

Wird das Laufwerk B benutzt, so wäre die Kommandofolge:

> **COPY ⊔ B:Alter Dateiname ⊔ B:Neuer Dateiname ↵**
> **DEL ⊔ B: Alter Dateiname ↵**

Dies Verfahren ist etwas umständlich. Aus diesem Grunde gibt es das RENAME-Kommando.

> **Mit Hilfe des RENAME-Kommandos können Dateien umbenannt werden.**

RENAME ist das englische Wort für umbenennen.

Das RENAME-Kommando ist ein dauerhaft im Arbeitsspeicher geladenes Kommando. Dies bedeutet, daß die MS-DOS-Systemdiskette nicht eingelegt sein muß, um dieses Kommando zu verwenden.

> **Die allgemeine Form des RENAME-Kommandos ist**
>
> > **RENAME ⊔ Laufwerksangabe:Alter Dateiname ⊔ Neuer Dateiname ↵**

Dabei ist:

RENAME	Schlüsselwort des RENAME-Kommandos. Es ist auch die abgekürzte Form REN erlaubt.
Laufwerksangabe	Eine Laufwerksangabe ist nur vor dem alten Dateinamen möglich und sinnvoll, denn das Laufwerk wird bei einer Umbenennung nicht geändert. **Es wird nur der Name auf einer Diskette in einem Laufwerk verändert. Der Inhalt bleibt nach wie vor unverändert auf der gleichen Diskette.** Die Laufwerksangabe vor dem alten Dateinamen kann auch entfallen, wenn das Systemlaufwerk A enutzt wird.
Dateinamen	Der alte Dateiname (Original) wird gegen den neuen Dateinamen im Inhaltsverzeichnis der Diskette ausgetauscht. Am Inhalt der Datei wird nichts geändert. Es können die Dateihauptnamen allein, die Dateiergänzungsnamen allein oder die Dateihaupt- und ergänzungsnamen gleichzeitig umbenannt werden. **Es können außerdem die Dateigruppenzeichen * und ? im neuen Dateinamen verwendet werden. Es werden dann die entsprechenden Zeichen bzw. die Zeichenfolge vom alten Dateinamen übernommen.**

Beispiel 19.1

Es wird von folgenden Dateien auf einer Diskette in Laufwerk B ausgegangen:

```
COMMAND   COM       4959    5-07-82   12:00p
ADD       BAS         58    1-01-80   12:04a
          2 File(s)
```

Anschließend soll die Datei ADD.BAS auf der Diskette in Laufwerk B in ADD.TXT umbenannt werden. Dies ist möglich mit Hilfe des Kommandos

```
A>REN B:ADD.BAS *.TXT

A>DIR B:
COMMAND   COM       4959    5-07-82   12:00p
ADD       TXT         58    1-01-80   12:04a
          2 File(s)
```

Zur Prüfung wurde das geänderte Dateiinhaltsverzeichnis ausgegeben.

Beispiel 19.2

Es soll die Datei ADD.TXT auf einer Diskette in Laufwerk B in BSP.BAS umbenannt werden. Dazu dient das folgende Kommando

```
A>REN B:ADD.TXT BSP.BAS

A>DIR B:
COMMAND   COM      4959    5-07-82   12:00p
BSP       BAS        58    1-01-80   12:04a
          2 File(s)
```

Beispiel 19.3

Es soll von den Dateien ausgegangen werden, die nach der Umbenennung in Beispiel 19.2 vorliegen. Es wird folgendes Kommando gegeben:

```
A>REN B:ADD.BAS BSP1
Duplicate file name or File not found
A>
```

Die englische Fehlermeldung gibt an, daß entweder

- ein schon auf der Diskette vorhandener Dateiname als neuer Dateiname gewählt wurde und dies nicht zulässig ist (duplicate file) oder
- die angegebene Datei (alter Dateiname) nicht auf der Diskette im bezeichneten Laufwerk vorhanden ist und somit nicht umbenannt werden kann (file not found, d.h. Datei nicht gefunden).

In diesem Beispiel ist es so, daß die Datei ADD.BAS nicht auf der Diskette vorhanden ist (Vorhanden ist nur die Datei BSP.BAS).

Beispiel 19.4

Folgende Dateien mögen auf einer Diskette in Laufwerk B vorhanden sein:

```
A>DIR B:
COMMAND   COM      4959    5-07-82   12:00p
ADD                 10    1-01-80   12:02a
B         TXT        10    1-01-80   12:03a
C         TXT        10    1-01-80   12:04a
          4 File(s)
A>REN B:B.TXT C.TXT
Duplicate file name or File not found
```

Auf das Umbenennungskommando folgt die bekannte Fehlermeldung, da die Datei C.TXT, in die die Datei B.TXT umbenannt werden soll, schon auf der Diskette vorhanden ist.

Ein wesentlicher Unterschied zwischen den *beiden* Umbenennungsverfahren mit Hilfe der Kommandofolge COPY und DEL zum einen und REN zum anderen ist:

Mit Hilfe des COPY-Kommandos wird nicht nur der Name der Datei ausgetauscht, sondern der ganze Inhalt. Es entsteht eine *neue* Datei, die Kopie. Beim Kopiervorgang werden die aufeinanderfolgenden Sektoren in optimaler Reihenfolge aneinandergereiht. Somit entfallen von der Zugriffszeit her gesehen aufwendige Suchvorgänge der aufeinanderfolgenden Sektoren, die auf der Diskette verstreut sein können. Neu kopierte Dateien lassen sich somit i.a. in kürzerer Zeit laden.

Mit Hilfe des REN-Kommandos wird nur der Dateiname geändert. Die Anordnung der Sektoren, die den Dateiinhalt aufnehmen, bleibt unverändert.

Zusammenfassung

> Mit Hilfe des RENAME-Kommandos können Dateien umbenannt werden.
>
> Das Fahrnetz des RENAME-Kommandos ist:
>
> 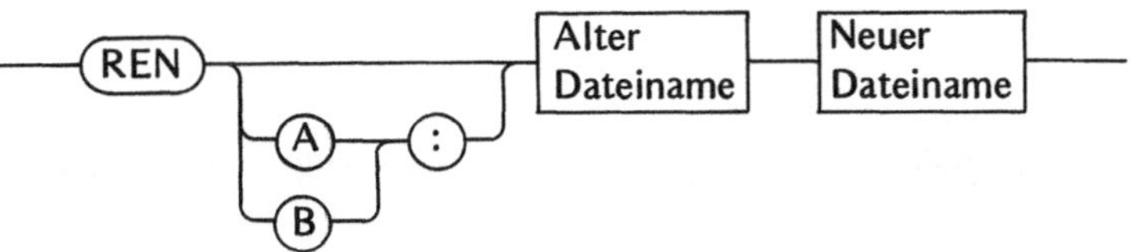
>
>
> Es wird nur der Name einer Datei im Inhaltsverzeichnis auf der gewählten Diskette verändert. Der Inhalt der Datei selbst bleibt unverändert auf der Diskette.
>
> Es können auch Dateigruppenzeichen im neuen Dateinamen verwendet werden. Es werden dann die entsprechenden Zeichen bzw. Zeichenfolgen vom alten Dateinamen übernommen.

Übungsaufgaben

Die Lösungen der Übungsaufgaben befinden sich in Kap. 26.

Aufgabe 19.1

Welche RENAME-Kommandos sind richtig bzw. falsch?

Nr.	Kommando	Ja	Nein	Erläuterung
1	REN BSP.BAK BSP.BAS	O	O	
2	RENAME A:A AA	O	O	
3	REN B B:BB	O	O	
4	REN B:ADD SUB	O	O	
5	REN TXT1 TXT2	O	O	
6	REN A:BRF B:RECH	O	O	
7	REN TXT1 ADD?	O	O	
8	REN ADD.BAS MULT.*	O	O	

Aufgabe 19.2

Es sollen bei *allen* Dateien mit dem Dateiergänzungsnamen TXT der Dateiergänzungsname TXT durch BRF ersetzt werden. Dazu wird folgendes Kommando eingegeben:

REN *.TXT *.BRF

Wird die gewünschte Umbenennung richtig erfolgen?

20 Das COMP-Kommando

> **Das COMP-Kommando vergleicht den Inhalt von zwei Dateien (engl.: <u>com</u>pare, d. h. vergleichen).**
>
> **Die allgemeine Form des COMP-Kommandos ist:**
>
> > **COMP Laufwerksangabe: Dateiname Laufwerksangabe: Dateiname** ↵

Die Dateien, die verglichen werden, können sich auf Disketten in verschiedenen Laufwerken befinden. Auch die Dateinamen können unterschiedlich sein. Vergleicht man Dateien auf ein und derselben Diskette, müssen die Dateinamen sogar unterschiedlich sein. Sind hingegen die Dateinamen gleich, müssen die zu vergleichenden Dateien in unterschiedlichen Laufwerken liegen. Beim Vergleich werden die einzelnen Bytes miteinander verglichen.

> **Das COMP-Kommando sollte man nach jedem Kopieren von Dateien (COPY-Kommando) benutzen, um sicher zu gehen, ob die Dateien einwandfrei kopiert wurden.**

- Wird beim Vergleichen hingegen ein Fehler gefunden, erscheint folgende Meldung auf dem Bildschirm:

> Files compare ok.
> Compare more files (Y/N)?

d. h.:

Dateivergleich in Ordnung
Wollen Sie noch mehr Dateien vergleichen (ja/nein)
Falls man noch weitere Dateien kopieren will, muß man ein Y eingeben (für engl. Yes, d. h. ja, falls nicht ein N (für engl. <u>N</u>o, d. h. nein).
Dadurch wird das COMP-Kommando beendet.

- Wird beim Vergleichen hingegen ein Fehler gefunden, erscheint folgende Meldung auf dem Bildschirm:

> Compare error at offset xxxxxxxx
> File 1 = xx
> File 2 = xx
> 10 Mismatches — aborting compare

d. h.:
Fehler beim Vergleichen bei Byte Nr. xxxxxxxx.
Anschließend werden die beiden Dateinamen der zu vergleichenden Dateien genannt. Es folgt der Hinweis, daß nach 10 falschen Vergleichen der Vergleichsvorgang abgebrochen wurde.

21 Das DISKCOMP-Kommando

> Mit Hilfe des DISKCOMP-Kommandos kann man den Inhalt von zwei Disketten vergleichen (engl. disk compare d. h. Disketten vergleichen).
> Die allgemeine Form des DISKCOMP-Kommandos ist:
>
> > DISKCOMP Laufwerkangabe: Laufwerkangabe

Läßt man beide Laufwerksangaben weg, wird ein Vergleich von zwei Disketten allein im Systemlaufwerk A vorgenommen. Durch Hinweise auf dem Bildschirm wird man zum richtigen Zeitpunkt gebeten, die zweite Diskette zum Vergleich einzulegen.

Das DISKCOMP-Kommando vergleicht den Inhalt der 40 Spuren, beginnend bei Spur Ø.

> Das DISKCOMP-Kommando sollte man nach jedem Kopieren ganzer Disketten-inhalte mit Hilfe des DISKCOPY-Kommandos benutzen, um sicher zu gehen, ob die Diskette einwandfrei kopiert wurde.

- Wird beim Vergleichen kein Fehler gefunden, erscheint folgende Meldung auf dem Bildschirm:

  > Compare more diskettes (Y/N)?

  d. h.: Wollen Sie noch mehr Disketten vergleichen? Wenn ja, gib Y, falls nein, gib N.

- Wird beim Vergleichen ein Fehler gefunden, wird folgende Meldung auf dem Bildschirm ausgegeben:

  > Compare error

Zusammen mit einem Hinweis, in welcher Spur und auf welcher Diskette ein Fehler beim Vergleich gefunden wurde.

22 Das DATE-Kommando

Mit Hilfe des DATE-Kommandos kann man sich das gegenwärtige Datum, das dem System zuletzt eingegeben wurde,

* ausgeben lassen und
* neu festlegen.

Das DATE-Kommando lautet:

DATE ⏎

Nach Eingabe des Kommandos erscheint folgende Meldung auf dem Bildschirm:

Current date is xxxx
Enter new date

d. h.:

Das gegenwärtige Datum ist xxxx

Es wird anschließend der Tag und das Datum ausgegeben in der Reihenfolge:

Monat — Tag — Jahr

Anschließend wird man aufgefordert, das neue Datum (new date) einzugeben (enter).

Möchte man das Datum nicht ändern, so drückt man einfach die ⏎-Taste.

Möchte man das Datum hingegen ändern, so ist das Datum in der oben angegebenen Reihenfolge einzugeben:

Monat — Zahl zwischen 1 und 12
Tag   — Zahl zwischen 1 und 31
Jahr   — Zahl zwischen 80 und 99

Diese Zahlen werden durch Schrägstriche getrennt.

Das DATE-Kommando wird nur in Sonderfällen einzusetzen sein, denn bei jedem Systemstart von MS-DOS wird man schon das aktuelle Datum eingeben (vgl. Kap. 6).

23 Das TIME-Kommando

> Mit Hilfe des TIME-Kommandos kann man sich die gegenwärtige Uhrzeit, auf die das System bislang eingestellt war,
>
> - ausgeben lassen bzw.
> - neu festlegen
>
> Das TIME-Kommando lautet:
>
> ```
> TIME ⏎
> ```

Nach Eingabe des Kommandos erscheint folgende Meldung auf dem Bildschirm:

```
Current time is  xxxx
Enter new time
```

d. h. die gegenwärtige Zeit ist xxxx

Es wird anschließend die Uhrzeit in folgender Form ausgegeben:

Stunden : Minuten : Sekunden . Hundertstelsekunden

Anschließend wird man aufgefordert, die neue Zeit (new time) einzugeben.

Möchte man die Zeit nicht ändern, drückt man einfach die ⏎ Taste.

Sonst wird die neue Zeit in der oben angegebenen Reihenfolge eingegeben.

Stunden   — Zahl zwischen 0 und 23
Minuten   — Zahl zwischen 0 und 59
Sekunden   — Zahl zwischen 0 und 59
100stel. Sek. — Zahl zwischen 0 und 99

Diese Zahlen werden durch Doppelpunkte getrennt (allein die Sekunden werden von den 100stel Sekunden durch einen Punkt getrennt). Läßt man eine dieser Zahlen aus, so wird das betreffende Feld automatisch auf Null gesetzt.

Auch dieses Kommando wird nur in Sonderfällen einzusetzen sein, denn bei jedem Systemstart von MS-DOS wird man schon die aktuelle Zeit eingeben (vgl. Kap. 6).

24 Stapelverarbeitung

Bei der Stapelverarbeitung werden *alle Eingaben* in Form einer Datei gespeichert, die zu einer bestimmten Verarbeitung führen, um diese Tätigkeiten zu einem gewünschten späteren Zeitpunkt automatisch ausführen zu lassen. Der Benutzer hat bei der Stapelverarbeitung keine Einflußmöglichkeit auf den Bearbeitungsablauf, da dieser gespeichert und somit festgelegt ist. Es ist somit kein Dialogbetrieb z. B. zwischen Programm und Benutzer während der Programmbearbeitung möglich.

Der englische Begriff für Stapelverarbeitung ist *batch processing*.

24.1 Die Stapelverarbeitungsdatei

> **Zur Stapelverarbeitung muß eine sog. Stapelverarbeitungsdatei angelegt werden, die alle MS-DOS-Kommandos enthält, die während der Stapelverarbeitung vom Betriebssystem selbständig ausgeführt werden soll.**
>
> **Die Stapelverarbeitungsdatei hat folgende allgemeine Form:**
>
> 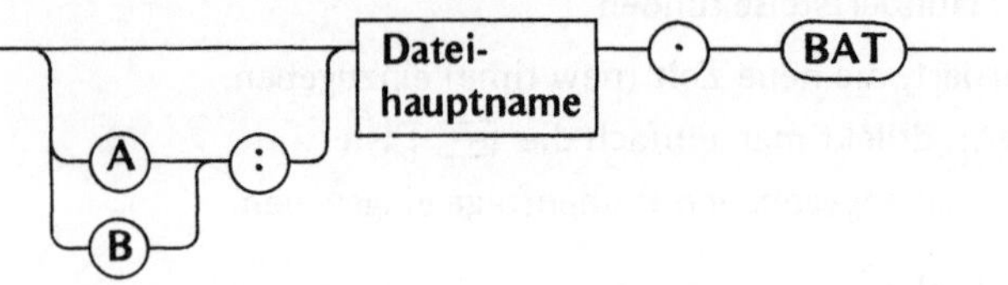
>

Der Dateihauptname wird wie gewohnt gebildet (vgl. Abschnitt 8.3). Der Dateiergänzungsname ist BAT (Abkürzung für engl. <u>bat</u>ch).

Erstellung der Stapelverarbeitungsdatei:

Die Stapelverarbeitungsdatei läßt sich auf zwei Wegen erstellen:

* mit Hilfe des Editors EDLIN
  Hier gilt alles das, was zum Einrichten neuer Dateien gesagt wurde (vgl. Abschnitte 12.2 bis 12.4).

* mit Hilfe des COPY-Kommandos
  Anstelle von Dateiangaben konnten im COPY-Befehl auch spezielle Schlüsselworte angegeben werden, die bestimmte Ein-Ausgabegeräte bezeichneten (vgl. Abschnitt 13.8). Das kann man sich zunutze machen, um die auszuführenden Kommandos von der Tastatur (Konsole) direkt in die BAT-Datei zu schreiben.

Beispiel 24.1

COPY CON: BSP.BAT

Dieses Kommando besagt, daß die Daten, die von der Konsole (Tastatur) eingegeben werden, direkt in die Datei BSP.BAT zu übertragen sind. Man könnte z. B. folgende Kommandofolge angeben:

```
DIR  B:
CHKDSK  B:
COPY  A:ADD.BAS  B:ADD.BAS
COMPARE  A:ADD.BAS  B:ADD.BAS
DIR  B:
```

Drücken der Taste ⎡F 6⎤ ⎡↵⎤. Anschließend erscheint die Meldung:

```
1 File(s) compared
```

Diese Kommandofolge bewirkt, daß zunächst das Inhaltsverzeichnis der Diskette in Laufwerk B ausgegeben wird (DIR-Kommando). Anschließend folgt der Statusbericht (CHKDSK-Kommando). Hiermit läßt sich überprüfen, ob der für das folgende Kopierkommando (COPY) gewählte Dateiname schon vorhanden ist, ob genügend Speicherkapazität zur Verfügung steht u. dgl. Nach dem Kopieren wird der Kopiervorgang auf Richtigkeit überprüft (COMPARE-Kommando). Mit Hilfe des DIR-Kommandos wird anschließend kontrolliert, ob die Kopie im Inhaltsverzeichnis vorhanden ist.

Das letzte Kommando in einer Stapelverarbeitungsdatei kann auf den Namen einer anderen Stapelverarbeitungsdatei verweisen. So ist es möglich, daß eine Stapelverarbeitungsdatei eine andere aufruft.

24.2 Die Stapelverarbeitungsdatei mit variablen Parametern

Im vorangegangenen Beispiel waren die Kommandos der Stapelverarbeitungsdatei individuell festgelegt. Somit ist die Kommandofolge i. a. nur für einen sehr speziellen Vorgang brauchbar.

Vielfach sind jedoch viele Abläufe prinzipiell gleich. Nur die Laufwerksbezeichnungen, Dateinamen u. dgl. ändern sich. Es empfiehlt sich somit, eine Stapelverarbeitungsdatei zu erzeugen, die variable Parameter enthält. Diesen Variablen werden später vor dem Ablauf der Kommandofolge Werte zugeordnet.

Als variable Parameter können eingegeben werden:

% 0 bis % 10

% 0 enthält standardmäßig die Laufwerksangabe und den Dateihauptnamen der Stapelverarbeitungsdatei.

Beispiel 24.2

Nimmt man das vorangegangene Beispiel, so läßt sich folgende Zuordnung treffen:

%1 wird A: zugeordnet.
%2 wird B: zugeordnet.
%3 wird ADD.BAS zugeordnet.

Die allgemeine Stapelverarbeitungsdatei ließe sich für prinzipiell gleichartige Abläufe wie folgt schreiben:

```
DIR  %2
CHKDSK  %2
COPY  %1%3  %2%3
COMPARE  %1%3  %2%3
DIR  %2
```

24.3 Ausführen einer Stapelverarbeitungsdatei mit variablen Parametern

Um eine Stapelverarbeitungsdatei ausführen zu lassen, müssen für die variablen Parameter Werte übergeben werden. Dazu listet man die Werte hinter dem Namen der Stapelverarbeitungsdatei in der Reihenfolge auf, wie sie %1, %2 usw. zugeordnet werden sollen.

Beispiel 24.3

Für das o. a. Beispiel gilt:

BSP.BAT A: B: ADD.BAS

24.4 Die Stapelverarbeitungsdatei AUTO EXEC.BAT

Die Stapelverarbeitungsdatei AUTO EXEC.BAT ist eine spezielle Stapelverarbeitungsdatei. Der Name AUTO EXECUTE weist schon auf die Aufgabe dieser Datei hin: Sie führt zur selbständigen (engl. auto) Ausführung (engl. execution) der in dieser Datei enthaltenen MS-DOS-Kommandos. Wenn MS-DOS gestartet wird, sucht MS-DOS nach einer Datei mit dem Namen AUTOEXEC.BAT. Befindet sich diese auf der MS-DOS Diskette, werden die Kommandos, die die Datei enthält, automatisch ausgeführt. Die Eingabe der MS-DOS-Kommandos in die AUTOEXEC.BAT Datei kann mit Hilfe des COPY-Kommandos wie folgt geschehen:

```
COPY  CON:AUTOEXEC.BAT
MS-DOS-Kommando 1
   :
   :
MS-DOS-Kommando n
```

  F 6 ↵

25 Die Kommandos BASIC und SYSTEM

Mit Hilfe des Kommandos

BASIC

wird vom MS-DOS-Modus (MS-DOS-Kommandos werden verarbeitet) in den BASIC-Modus (BASIC-Kommandos werden verarbeitet) übergegangen.

Mit Hilfe des Kommandos

SYSTEM

wird umgekehrt vom BASIC-Modus in den MS-DOS-Modus übergegangen.

Beispiel 25.1

Im Laufwerk A möge die Systemdiskette liegen, in Laufwerk B die Anwenderdiskette, die ein mit Hilfe des Editors EDLIN zu erstellendes BASIC-Programm aufnehmen soll. Der Editor kann nur im MS-DOS-Modus eingesetzt werden.

Kommandoeingabe für ein Kurzes BASIC-Programm:

Das BASIC-Programm, das den Text HALLO auf dem Bildschirm ausgeben soll, soll unter dem Namen HALLO.BAS gespeichert werden.

```
A>EDLIN B:HALLO
New file
*I
      1:*10 PRINT"HALLO"
      2:*^C

*E

A>
```

Anschließend wird der BASIC-Compiler von der Systemdiskette in Laufwerk A mit folgendem Kommando aufgerufen:

BASIC ↵

Damit ist die Umschaltung von MS-DOS auf BASIC erfolgt. Der Arbeitsspeicher wird mit dem Kommando NEW gelöscht und mit dem Kommando LIST überprüft, daß er wirklich leer ist. Nun soll das Programm HALLO.BAS von der Diskette geladen werden.

Durch Drücken der Taste [F3] erscheint der Text

LOAD"

auf dem Bildschirm. Er wird durch Drücken der entsprechenden Tasten wie folgt ergänzt:

LOAD"B:HALLO.BAS" ↵

Dadurch wird das BASIC-Programm HALLO von der Diskette in Laufwerk B in den Arbeitsspeicher des Mikrocomputers geladen. Es kann jetzt zur Ausführung gebracht werden durch das Kommando

    RUN ↵

Es erscheint dann die erwartete Ausgabe des Textes

    HALLO

und das BASIC-Bereitschaftszeichen

    OK

Umschalten von BASIC auf MS-DOS

Möchte man anschließend wieder von BASIC auf MS-DOS umschalten, um z. B. eine Kopie des Programmes anzufertigen, was im BASIC-Modus nicht möglich ist, so muß das Kommando

    SYSTEM ↵

eingegeben werden. Anschließend erscheint das bekannte DOS-Bereitschaftszeichen A >.

26 Lösungen der Übungsaufgaben

Aufgabe 4.1

Ein MS-DOS-Betriebssystem ist ein Software-System.

Aufgabe 4.2

a) BOOT ist der Urlader. Er lädt nach dem Systemstart die anderen MS-DOS-Betriebssystembestandteile in den Arbeitsspeicher.

b) COMMAND.COM ist der Befehlsprozessor des MS-DOS-Betriebssystems. Er hat die Aufgabe, die eingegebenen Kommandos zur Ausführung zu bringen und zu kontrollieren.

c) IBMDOS.COM ist das Diskettenverwaltungssystem des MS-DOS-Betriebssystems.

d) IBMBIO.COM ist das Ein-Ausgabegerätverwaltungssystem des MS-DOS-Betriebssystems.

Aufgabe 5.1

Die Original-MS-DOS-Systemdiskette ist in das Laufwerk A zu legen.

Aufgabe 5.2

Nein. Die Formatierung wird automatisch vorgenommen.

Aufgabe 5.3

Durch das Systembereitschaftszeichen A >.

Aufgabe 6.1

19-Ø1-85 ⏎

Aufgabe 6.2

Das Systembereitschaftszeichen A > nach dem Warmstart zeigt an, daß das Diskettenlaufwerk A (Systemlaufwerk) aktiv ist.

Aufgabe 7.1

FORMAT B:/1 ⏎

Aufgabe 7.2

Im Dateiinhaltsverzeichnis einer Diskette ist nur der Startsektor einer Datei angegeben. Die FAT (engl. file allocation table = Dateizuordnungstabelle) gibt an, welche Sektoren einer Diskette zu welcher Datei gehören bzw. welche Sektoren noch frei sind.

Aufgabe 8.1

Nr.	Dateiname	ja	nein	Erläuterung
1	WURZEL	⊗	○	
2	STATIK.BAS	⊗	○	BASIC-Quellprogramm
3	PLUS!ABC	⊗	○	! ist ein erlaubtes Sonderzeichen
4	Q?R.*	⊗	○	Dateigruppenname (? und *)
5	REGULIERUNG.FOR	○	⊗	Hauptname zu lang
6	A < B.TEX	○	⊗	Sonderzeichen < nicht erlaubt
7	SUB. $$$	⊗	○	Zwischendatei

Aufgabe 8.2

Unter MS-DOS ablauffähige Programme haben den Dateiergänzungsnamen COM.

Aufgabe 8.3

a) A: ⏎
b) A:NEWTON.ASM ⏎

Aufgabe 10.1

Nr.	Kommando	Ausgabe
1	DIR*.EXE	EXE2BIN.EXE LINK.EXE
2	DIR DISK????.COM	DISKCOPY.COM DISKCOMP.COM
3	DIR BSP.BAS	File not found
4	DIR B:BASIC.COM	Not ready error reading drive B Abort, retry, Ignore?

Aufgabe 10.2

Maximal sind 8 Zeichen für einen Dateihauptnamen zulässig. Das erste Zeichen ist bekannt. Die restlichen sieben werden mit Fragezeichen ausgefüllt. Das Kommando ist

DIR B:C???????.*

Aufgabe 10.3

Durch Eingabe des Kommandos

DIR BF004763.TXT ⏎

Ist diese Datei vorhanden, werden ihre Daten ausgegeben, u. a. auch das Erstellungsdatum sowie die Uhrzeit.

Aufgabe 10.4

Durch den Zusatz /P an das normale DIR-Kommando.

Aufgabe 11.1

bytes available on disk

Aufgabe 11.2

bytes free

Aufgabe 12.1

Nr.	Editor-Aufruf	richtig	falsch	Erläuterung
1	EDLIN ADD.BAS	⊗	○	Wenn die Datei einen Dateiergänzungsnamen hat, muß dieser angegeben werden.
2	EDLIN	○	⊗	Dateiname fehlt.
3	EDLIN ADD.	○	⊗	Punkt falsch.
4	EDLIN B.ADD	○	⊗	Doppelpunkt hinter Laufwerksangabe B.
5	EDLIN ADD	⊗	○	
6	ED ADD	○	⊗	Das Schlüsselwort EDLIN darf nicht abgekürzt werden.
7	EDLIN.COM ADD	○	⊗	Der Dateiergänzungsname COM der Datei EDLIN darf nicht mit eingegeben werden.

Aufgabe 12.2

a) Das Systembereitschaftszeichen zeigt an, daß MS-DOS-Kommandos eingegeben werden können. Einer dieser Kommandos ist z. B. das EDLIN-Kommando.

b) Das Editorbereitschaftszeichen zeigt an, daß Editor-Befehle eingegeben werden können. Es kann nur auftreten, wenn der Editor vorher aufgerufen wurde. Möchte man wieder andere MS-DOS-Kommandos eingeben, so muß man die Editierung abbrechen. Es wird sich dann wieder das Systembereitschaftszeichen auf dem Bildschirm zeigen.

c) MS-DOS-Systembereitschaftszeichen:

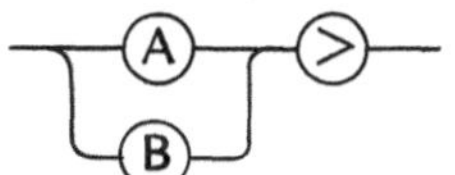

Editorbereitschaftszeichen:

Aufgabe 12.3

EDLIN B:BSP.TXT [↵]
I [↵]
Eingabezeile 1 [↵]

⋮

Eingabezeile n [↵]

[Ctrl] [Z]

E [↵]

Aufgabe 12.4

A [↵]

Aufgabe 12.5

Nr.	Befehl	Erläuterung
1	1Ø, 2Ø L ⏎	Es werden von einer Datei die Zeilen 1Ø bis 2Ø (einschließlich) auf dem Bildschirm ausgegeben.
2	,5Ø L ⏎	Es werden alle Dateizeilen ab der 11. Zeile vor der z. Zt. laufenden Zeile bis zur Dateizeile 5Ø aufgelistet.
3	1ØØ L ⏎	Es werden 23 Dateizeilen, beginnend bei der Dateizeile 1ØØ, aufgelistet.
4	L ⏎	Es werden 23 Dateizeilen der Datei aufgelistet, und zwar 11 Zeilen vor der z. Zt. laufenden Zeile, die laufende Zeile selbst und 11 Zeilen hinter der laufenden Zeile.
5	7Ø ⏎	Die Zeile 7Ø wird angezeigt (Zeilenaufbereitungsbefehl).

Aufgabe 12.6

a)

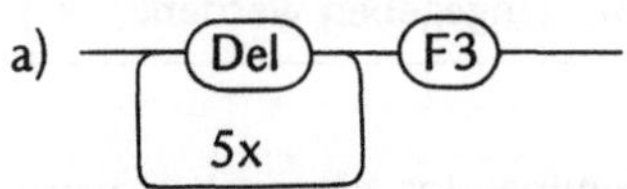

d. h. 5 mal die Taste ⎣Del⎦ in der aufzubereitenden Zeile drücken. Anschließend die Taste ⎣F3⎦ drücken.

b) 1,5 D

Aufgabe 12.7

Drücken der Tasten in der angegebenen Reihenfolge:

Aufgabe 12.8

?SE

Das ? führt zur Abfrage OK? Nach dem ersten E gibt man ein N (engl.: No, nein), beim zweiten E ein Y (engl.: YES, ja).

Aufgabe 12.9

RLERNE ⎣F6⎦ UEBE

Aufgabe 12.10

$$$

Aufgabe 12.11

Der Editierungsvorgang wird beendet, ohne Änderungen auf der Diskette zu speichern.

Aufgabe 13.1

Nr.	Kopierkommando	Ja	Nein	Erläuterung
1	COPY BSP2 BSP	⊗	○	Die auf der Diskette in Laufwerk A gespeicherte Datei BSP2 wird auf der *gleichen* Diskette unter dem Dateinamen BSP gespeichert.
2	COPY BSP B:	⊗	○	Die auf der Diskette in Laufwerk A gespeicherte Datei BSP wird auf eine Diskette in Laufwerk B übertragen.
3	COPY B:BSP BSP3	⊗	○	Die auf der Diskette in Laufwerk B gespeicherte Datei BSP wird unter dem Namen BSP3 auf die Diskette in Laufwerk A übertragen.
4	COPY B:BSP A:BSP3	⊗	○	Wie Aufgabe Nr. 3.
5	COPY BSP? B:	⊗	○	Es werden alle Dateien mit den Buchstaben BSP und einem weiteren Zeichen von der Diskette in Laufwerk A auf eine Diskette in Laufwerk B unter dem gleichen Namen kopiert. Sie werden während des Kopiervorgangs aufgelistet.
6	COPY *.COM B:	⊗	○	Es werden alle Dateien mit dem Dateiergänzungsnamen COM von der Diskette im Laufwerk A auf eine Diskette in Laufwerk B übertragen.

Aufgabe 13.2
COPY BSP1.BAK BSP1.BAS

Aufgabe 13.3

Nr.	Kommando	Ja	Nein	Erläuterung
1	COPY ADD.BAS,SUB.BAS	O	⊗	Die Verkettungsparameter + sowie die Zieldatei fehlt.
2	COPY HP+UP1+UP2+UP3	O	⊗	Die Zieldatei fehlt.
3	COPY A+B C	⊗	O	Verkettung der Dateien A und B zu C in Laufwerk A.
4	COPY A+B B:C	⊗	O	Verkettung der Dateien A und B zu C von Laufwerk A zu Laufwerk B.
5	COPY A+B:B C	⊗	O	Die Datei A in Laufwerk A wird mit der Datei B in Laufwerk B zu einer Datei C verkettet, die auf der Diskette in Laufwerk A gespeichert wird.

Aufgabe 14.1

DISKCOPY A: B:/1

Aufgabe 16.1

Nr.	Kommando	Ja	Nein	Erläuterung
1	TYPE BSP	⊗	O	Es wird die Datei BSP, die sich auf einer Diskette im Laufwerk A befindet, auf dem Bildschirm ausgegeben.
2	TYPE B:MULT.BAS	⊗	O	Es wird die Datei MULT.BAS von der Diskette im Laufwerk B auf dem Bildschirm ausgegeben.
3	TYPE B:SUB?	O	⊗	Es können keine Dateigruppen auf dem Bildschirm ausgegeben werden.
4	TYPE EDLIN.COM	O	⊗	Es können keine Maschinencodeprogramme (Dateiergänzungsname COM) auf dem Bildschirm aufgegeben werden, sondern nur ASCII-Dateien.

Aufgabe 17.1

Ctrl Prt Sc

CHKDSK B:

Ctrl Prt Sc

oder:

CHKDSK B:

⇧ Prt Sc

Aufgabe 18.1

DEL B: BSP.*

Aufgabe 18.2

Ja! Das System fragt nach Eingabe des Kommandos:

Are you sure (Y/N)?

d. h.: Sind Sie sicher?

Geben Sie ein N ein (für engl.: No, d. h. nein), kehrt das System in den MS-DOS-Kommandomodus zurück, ohne die Löschung vorzunehmen.

Aufgabe 18.3

Mit Hilfe des DIR-Kommandos läßt sich der Löschvorgang überprüfen. Die gelöschten Dateien dürfen nicht mehr im Inhaltsverzeichnis auftreten.

Aufgabe 19.1

Nr.	Kommando	Ja	Nein	Erläuterung
1	REN BSP.BAK BSP.BAS	⊗	○	Umbenennung einer Sicherungsdatei in eine BASIC-Datei.
2	RENAME A:A AA	⊗	○	Umbenennung einer Datei einer Diskette in Laufwerk A in AA.
3	REN B B:BB	○	⊗	Die Laufwerksangabe B muß beim alten Dateinamen stehen und *nicht* beim neuen.
4	REN B:ADD SUB	⊗	○	Umbenennung einer Datei einer Diskette in Laufwerk B mit dem Namen ADD in SUB.
5	REM TXT1 TXT2	○	⊗	Das Schlüsselwort heißt REN.
6	REN A:BRF B:RECH	○	⊗	Die Umbenennung kann nur in *einem* Laufwerk stattfinden.
7	REN TXT1 ADD?	⊗	○	Die Datei TXT1 auf einer Diskette in Laufwerk A wird in ADD1 umbenannt.
8	REN ADD.BAS MULT.*	⊗	○	Die Datei ADD.BAS auf einer Diskette in Laufwerk A wird in MULT.BAS umbenannt.

Aufgabe 19.2

Nein. Es können keine Dateigruppen umbenannt werden. Das Dateigruppenzeichen darf nur im neuen Dateinamen stehen. Es werden an dieser Stelle die Zeichen des alten Dateinamens übernommen.

27 Anhang

27.1 Anhang A1: Glossarium

Adresse

Die Speicherplätze des Arbeitsspeichers sind durchnumeriert. Die Zahl, die die Position eines Speicherplatzes im Arbeitsspeicher angibt, ist die *Adresse* des Speicherplatzes. Mit Hilfe einer Adresse kann man *wahlfrei* in dem durch die Adresse gekennzeichneten Arbeitsspeicher Daten (Informationen) speichern bzw. umgekehrt wieder auf diese Daten zurückgreifen.

Alphanumerische Zeichen

Unter alphanumerischen Zeichen versteht man die Menge alle *alpha*betischen Zeichen (Buchstaben) und *numerischen* Zeichen (Ziffern). Vielfach werden auch die Sonderzeichen dazugerechnet.

Baud

Diese Einheit der Nachrichtentechnik gibt Auskunft über die Schrittgeschwindigkeit der Informationsübertragung, d.h. über die Anzahl der Bits, die in einer Sekunde übertragen werden (bps = bit per second). Die Einheit wird i.a. mit Bd abgekürzt.

Befehl

Ein Programm setzt sich aus *elementaren* Befehlen zusammen, die das Steuerwerk einer DVA *direkt* ausführen kann (Maschinencode). Die ausführbaren Funktionen des Steuerwerkes führen zu einem festen Befehlsvorrat, der jedoch je nach ausführbaren Funktionen von DVA zu DVA unterschiedlich sein kann.

Die Befehle, die das Steuerwerk einer DVA „versteht", sind immer in folgende allgemeine Gruppen zusammenfaßbar:

— Transfer-Befehle

Transfer-Befehle *transferieren* (bewegen) Daten zwischen Registern[1] des Steuerwerkes, von diesen Registern zu den Speicherzellen des Arbeitsspeichers und umgekehrt.

— Arithmetische Befehle

Arithmetische Befehle führen *arithmetische Rechnungen* aus. Dazu gehören Additions- und Subtraktionsbefehle.

— Logische Befehle

Logische Befehle führen *logische Rechnungen* aus, wie z.B. logische UND- und ODER-Verknüpfungen und Vergleichsbefehle.

— Verzweigungsbefehle

Verzweigungsbefehle bieten die Möglichkeit, den linearen Programmablauf mit Hilfe von programmierten *Verzweigungen* verlassen zu können. Dazu gehören z.B. unbedingte und bedingte Sprungbefehle.

---

[1] Vgl. Anhang A1.

Der grundsätzliche Aufbau der Befehle ist bei allen Prozessoren gleich. Sie bestehen aus dem eigentlichen *Befehlscode* (Operationscode) und dem *Operanden*. Der Operationscode gibt an, *was* gemacht werden soll, d.h., aus ihm werden die Steuerinformationen entnommen. Der Operand gibt an, *womit* z.B. der Operationscode etwas ausführen soll, bzw. *wie* er etwas ausführen soll. Allgemeiner gesagt, der Operand gibt eine Zusatzinformation zur Befehlsausführung durch den Prozessor. Der Operationscode besteht bei 8bit-Prozessoren aus einem Byte, der Operand im allgemeinen aus weiteren ein bis zwei Byte.

Binärziffer

Unter einer Binärziffer (engl. binary digit) versteht man eine Ziffer aus einer Menge von zwei Ziffern (daher binär). Diese beiden Ziffern werden mit $\emptyset$ und 1 bezeichnet. Sie lassen sich in einer digital arbeitenden Datenverarbeitungsanlage durch unterschiedliche Spannungspegel (z.B. $\emptyset$ Volt und + 5 Volt) physikalisch einfach darstellen. Durch unterschiedliche Folgen derartiger Binärziffern können unterschiedliche Steuersignale dargestellt werden. Siehe auch Bit.

Bit

Ein *bit* ist eine Abkürzung für binary digit, zu deutsch: Binärzeichen[1]), d.h. es ist ein Zeichen aus einer Menge von zwei möglichen Zeichen. Beispiele sind: Punkt oder Strich im Morsealphabet, zwei festgelegte Spannungspegel H (High = hoch) oder L (Low = tief), die Ziffern $\emptyset$ oder 1.

Das Bit ist die kleinste Speichereinheit einer DVA. Alle zu speichernden Zeichen müssen mit Hilfe der Binärzeichen verschlüsselt werden. Das Bit ist daher im Speicher selten direkt adressierbar und somit nicht manipulierbar, sondern nur eine feste Menge von Bits (Codes, z.B. der ASCII-Code, siehe Anhang A2).

Größere Einheiten von bits sind:

$$2^4 \text{ bit} = 8 \text{ bit} = 1 \text{ byte}$$
$$2^{10} \text{ bit} = 1024 \text{ bit} = 1 \text{ Kbit (1 Kilobit)}$$
$$2^{10} \text{ byte} = 1024 \text{ byte} = 1 \text{ Kbyte (1 Kilobyte)}$$

Byte
Siehe Bit.

Cursor

Der Cursor ist eine Lichtmarke auf dem Bildschirm eines Mikrocomputers, der die Stelle kennzeichnet, an der das nächste Zeichen ausgegeben wird. Er ist rechteckig (Strich), teilweise blinkend und kann über Cursor-Tasten gesteuert werden.

Datei

Unter einer Datei versteht man eine *logisch* zusammenhängende Folge von Buchstaben, Ziffern und Sonderzeichen, die für den Benutzer eine Einheit bilden. Somit kann man für die Gesamtmenge der Zeichen (Daten[1]) einen *Namen* vergeben (Dateinamen), unter dem

---

[1]) Vgl. Anhang A1.

diese Zeichenmenge *gespeichert* werden kann bzw. umgekehrt wieder aus dem Speicher
geholt werden kann bzw. allgemein verwaltet werden kann. Wie diese Zeichenmenge
physikalisch auf bzw. in dem Speicher gespeichert wird, zum Beispiel zusammenhängend
oder nicht, ist für den Benutzer nicht wichtig, denn die Datei bildet eine *logische* Einheit.
Beispiele von Dateien sind: Programme, Rechnungsdaten, Standardbrieftexte usw. Aus
dem Gesagten wird das Kunstwort „Datei" verständlich, das Elemente der Worte „Daten
Kartei" enthält.

Daten

Mit Daten bezeichnet man Zeichen und Zeichenfolgen (Buchstaben, Ziffern und Sonderzeichen). Sie haben eine Bedeutung und geben somit eine Information.

Interface

Englischer Ausdruck für Schnittstelle, Übergangsstelle zwischen zwei Bereichen. Häufig
sind Anpassungsmaßnahmen an der Schnittstelle notwendig (sog. Interfaceschaltungen).

Kbit

Siehe Bit.

Kbyte

Siehe Bit.

Plotter

Ein Plotter ist ein mechanisches Ausgabegerät zum Zeichen von Grafiken mit hohem Auf-
lösungsvermögen unter Kontrolle eines Mikrocomputers.

RAM

RAM ist eine Abkürzung für den englischen Begriff Random Access Memory. Im Deutschen spricht man von *Schreib-Lesespeichern* mit wahlfreiem Zugriff. RAMs haben heute
eine Kapazität von z.B. 256 Kbit. Hierzu ist eine Fläche von ca. 25 mm^2 erforderlich.
Auf dieser Fläche sind ca. 10^6 Bauelemente untergebracht. Der Leistungsbedarf eines
solchen Speicherbausteins liegt bei ca. 3 Watt.

Register

Register sind *kleine schnelle Zwischen*speicher. Sie befinden sich im Zentralprozessor
(CPU), um Daten oder Speicheradressen während der Verarbeitung kurzfristig zwischen-
zuspeichern. Der Zugriff der CPU auf Daten im Register ist schneller als auf Daten im Arbeitsspeicher. Da Register recht aufwendig sind, ist die Zahl der Register recht klein.

ROM

ROM ist eine Abkürzung für den englischen Begriff Read Only Memory. Im Deutschen
spricht man von „nur lesbaren Speichern" (Festwertspeicher). ROMs sind Speicher, deren
Inhalt später nicht mehr geändert werden kann. Daher sind sie besonders geeignet für Programme, die längere Zeit unverändert bleiben, wie z.B. Programme für Betriebssysteme
von Computern, Steuerungen von externen Geräten und dgl.
ROMs sind wegen der nicht notwendigen Adressierung (siehe RAM) sehr schnell.

Schreib-Lese-Speicher
Siehe RAM.

Verarbeitungsgeschwindigkeit

Die Verarbeitung von Befehlen[1]) geschieht nicht in einem einzigen Verarbeitungsschritt, sondern in mehreren Zyklen[1]). Die Zeit, die für einen Zyklus benötigt wird, ist eine wichtige Größe für die *Verarbeitungsgeschwindigkeit* der DVA.

Zoll

Zoll ist ein Längenmaß (engl. inch). Als Kennzeichen für das Zollmaß wird i.a. das Zeichen '' verwendet. 1 Zoll entspricht 2,54 cm.

Zyklus

Unter einem *Befehlszyklus* (engl. instruction cycle) versteht man den Zyklus zur vollständigen Verarbeitung eines Befehls, d.h. den Verarbeitungsvorgang an sich. Die dazu benötigte Zeit ist die Befehlszykluszeit. Der Befehlszyklus wird unterteilt in mehrere *Operationszyklen* (Teile des Befehlsverarbeitungsvorgangs). Diese Operationszyklen sind weiter unterteilt in sog. *Operationsschritte*. Dies ist die kleinste Arbeitseinheit innerhalb eines Befehlszyklus.

27.2 Anhang A2: Der ASCII-Code

Jedes Zeichen im Zeichenvorrat des Mikrocomputers wird intern im Mikrocomputer in Form einer bestimmten Folge von Nullen und Einsen dargestellt, d.h. in Form eines zweiwertigen Codes (Werte $\emptyset$ und 1). Die Zuordnung der Nullen und Einsen zu den verschiedenen Zeichen kann nach unterschiedlichen Gesichtspunkten erfolgen. Daher gibt es unterschiedliche Codes. Einer der meist benutzten Codes zur Darstellung der üblichen Zeichen des Zeichenvorrates ist der 7-Bit-ASCII-Code[2]). Mit ihm lassen sich $2^7 = 127$ Zeichen codieren.

Die Zeichen des Zeichenvorrats werden im Mikrocomputer durch einen 7-Bit-ASCII-Code dargestellt.

Beispiel 13.1:

Der Buchstabe A wird im ASCII-Code dargestellt durch den Code:

$$A \rightarrow 1\emptyset\emptyset\emptyset\emptyset\emptyset1$$

Da die 7-stellige Binärzahl für den menschlichen Gebrauch vielfach unhandlich ist, wird in ASCII-Code-Tabellen ein einfacherer Code benutzt. Es bietet sich an:

---

[1]) Vgl. Anhang A1.

[2]) ASCII ist eine Abkürzung für: American Standard Code für Information Interchange.

- **Hexadezimaläquivalent**
  Der 7-Bit-ASCII-Code wird vorn um ein $\emptyset$-Bit ergänzt. Die so entstandene 8-Bit Codierung wird in zwei 4-Bit-Codegruppen aufgeteilt. Für jede 4-Bit-Gruppe wird die entsprechende *Hexadezimalzahl* angegeben (Hexadezimaläquivalent des ASCII-Codes). Dies hat den Vorteil, daß auch umgekehrt vom' Hexadezimaläquivalent leicht wieder auf den zugehörigen Binärcode geschlossen werden kann.

  Der Hexadezimalcode wurde in Abschnitt 2.1 ausführlich besprochen, so daß hier nicht näher darauf eingegangen wird.

Beispiel 13.2

Das Hexadezimaläquivalent des Buchstabens A im ASCII-Code ergibt sich wie folgt:

Die ASCII-Codierung des Buchstabens A ist:

    $1\emptyset\emptyset\emptyset\emptyset\emptyset1$

Ergänzung der 7 Bit um ein Null-Bit am Anfang:

    $\emptyset1\emptyset\emptyset\ \emptyset\emptyset\emptyset1$

Aufteilung der 8 Bit in zwei 4-Bit-Gruppen:

    $\emptyset1\emptyset\emptyset\ \emptyset\emptyset\emptyset1$

Zuordnung der zugehörigen Hexadezimalzahl zu jeder 4-Bit-Gruppe:

    $\emptyset1\emptyset\emptyset \rightarrow$ 4 Hex
    $\emptyset\emptyset\emptyset1 \rightarrow$ 1 Hex

Das Hexadezimaläquivalent für den Buchstaben A ergibt sich somit zu:

    A $\rightarrow$ 41 Hex

- **Dezimaläquivalent**
  Angabe der zur Binärzahl (ASCII-Code) zugehörigen Dezimalzahl, dem sog. Dezimaläquivalent.

  Die Umwandlung von Binärzahlen in Dezimalzahlen und umgekehrt wird im Anhang A3 näher beschrieben, so daß an dieser Stelle darauf verzichtet wird.

Beispiel 13.3

Der Buchstabe A wurde im ASCII-Code durch den Binärcode $1\emptyset\emptyset\emptyset\emptyset\emptyset1$ dargestellt. Das zugehörige Dezimaläquivalent ist:

$$A \rightarrow 1\emptyset\emptyset\emptyset\emptyset\emptyset1_{\text{binär}}$$
$$= 1*2^6 + \emptyset*2^5 + \emptyset*2^4 + \emptyset*2^3 + \emptyset*2^2 + \emptyset*2^1 + 1*2^\emptyset$$
$$= 65_{\text{dez}}.$$

Wie dieses Beispiel zeigt, läßt sich der Buchstabe A durch das Dezimaläquivalent 65 repräsentieren.

Entsprechend lassen sich alle üblichen Zeichen durch ein Dezimaläquivalent, d.h. durch eine Dezimalzahl zwischen $\emptyset$ und 127, darstellen. Die folgende Tabelle zeigt die (Hexa) dezimaläquivalente des ASCII-Codes für die üblichen Zeichen.

> Zur einfacheren Handhabung des ASCII-Codes durch den Menschen wird der ASCII-Code i.a. nicht in Form des 7-stelligen Binärcodes verwendet, sondern in Form des zugehörigen Dezimaläquivalentes bzw. Hexadezimaläquivalentes.

ASCII-Code		Zeichen bzw. Funktion	Bedeutung
Hexadezimaläquivalent	Dezimaläquivalent		
00	0	NUL	NULL
01	1	SOH	Start of heading
02	2	STX	Start of text
03	3	ETX	End of text
04	4	EOT	End of transmission
05	5	ENQ	Enquiry
06	6	ACK	Acknowledge
07	7	BEL	Bell (Glocke)
08	8	BS	Backspace (Rücktaste, löscht das letzte Zeichen)
09	9	HT	Horizontal tab
0A	10	LF	Line feed (Zeilenvorschub)
0B	11	VT	Vertikal tab
0C	12	FF	Form feed (Seitenvorschub)
0D	13	CR	Carriage return (Wagenrücklauf)
0E	14	SO	Shift out (turn cursor on-schaltet den Cursor an)
0F	15	SI	shift in (turn cursor off-schaltet den Cursor aus)
10	16	DLE	Data link escape
11	17	DC1	Device control 1
12	18	DC2	Device control 2
13	19	DC3	Device control 3
14	20	DC4	Device control 4
15	21	NAK	Neg. acknowledge
16	22	SYN	Synchronous idle
17	23	ETB	End trans.block
18	24	CAN	Cancel — verwendet f. Cursor-Links-Taste
19	25	EM	End of medium — verwendet f. Cursor-Rechts-Taste
1A	26	SUB	Substitute — verwendet f. Cursor-Unten-Taste
1B	27	ESC	Escape — verwendet f. Cursor-Oben-Taste
1C	28	FS	File separator — verwendet f. Cursor-Home-Taste
1D	29	GS	Group separator — verw. z. Verschieben d. Cursors an den Zeilenanfang

Die Zeilen 00 bis 07: Bei Mikrocomputern i.a. keine Funktion

1E	30	RS	Record separator — verwendet zum Löschen bis Zeilenende
1F	31	US	Unit separator — verwendet zum Löschen bis Bildschirmspeicherende
20	32	SP	Space (Leerzeichen)
21	33	!	Exclamation point (Ausrufungszeichen)
22	34	"	Quotation mark (Anführungszeichen)
23	35	# (£)	Number sign (Nummernzeichen)
24	36	$	Dollar sign (Dollarzeichen)
25	37	%	Percent sign (Prozentzeichen)
26	38	&	Ampersand
27	39	'	Apostroph
28	40	(	Left parenthesis (linke Klammer-Klammer auf)
29	41	)	Right parenthesis (rechte Klammer auf)
2A	42	*	Asterisk (Stern)
2B	43	+	Plus Zeichen
2C	44	,	Komma
2D	45	—	Minus Zeichen
2E	46	.	Punkt
2F	47	/	Schrägstrich (slash)
30	48	0	
31	49	1	
32	50	2	
33	51	3	
34	52	4	10 Ziffern
35	53	5	
36	54	6	
37	55	7	
38	56	8	
39	57	9	
3A	58	:	Doppelpunkt (colon)
3B	59	;	Semikolon
3C	60	<	Kleiner (less) Zeichen
3D	61	=	Gleichheitszeichen (equal)
3E	62	>	Größer (greater) Zeichen
3F	63	?	Fragezeichen (question mark)
40	64	@	At-sign (At-Zeichen)

41	65	A	
42	66	B	
43	67	C	
44	68	D	
45	69	E	
46	70	F	
47	71	G	
48	72	H	
49	73	I	
4A	74	J	
4B	75	K	
4C	76	L	
4D	77	M	
4E	78	N	Großbuchstaben
4F	79	O	
50	80	P	
51	81	Q	
52	82	R	
53	83	S	
54	84	T	
55	85	U	
56	86	V	
57	87	W	
58	88	X	
59	89	Y	
5A	90	Z	
5B	91	[	Eckige Klammer auf (Left bracket)
5C	92	\	Umgekehrter Schrägstrich (Reverse slash)
5D	93	]	Eckige Klammer zu (Right bracket)
5E	94	^ (teilw. ↑ bzw. ⌐)	Zirkumflex
5F	95	– (teilw. ←)	Unterstreichung (underline)
60	96		Akzent
61	97	a	Kleinbuchstaben
62	98	b	
63	99	c	
64	100	d	
65	101	e	
66	102	f	
67	103	g	
68	104	h	
69	105	i	
6A	106	j	

6B	107	k	
6C	108	*l*	
6D	109	m	
6E	110	n	
6F	111	o	
70	112	p	
71	113	q	
72	114	r	
73	115	s	
74	116	t	
75	117	u	
76	118	v	
77	119	w	
78	120	x	
79	121	y	
7A	122	z	
7B	123	{	Geschweifte Klammer auf (Left brace)
7C	124	|	Vertikale Linie (vertical line)
7D	125	}	Geschweifte Klammer zu (Right brace)
7E	126	~	Tilde
7F	127	DEL	Delete

Die ASCII-Codes mit den Dezimaläquivalenten $\emptyset$ bis 31 sind, wie die Tabelle zeigt, keine darstellbaren Zeichen des Zeichenvorrats, sondern Steuerzeichen. Sie werden bei Mikrocomputern nur selten und teilweise auch anders genutzt, als es die Spalte „Zeichen bzw. Funktion" angibt.

— Der Angabe entsprechend genutzt wird das Steuerzeichen mit dem Dezimaläquivalent 13 (carriage return, d.h. Wagenrücklauf). Dieser Code wird von der Mikrocomputertastatur abgegeben, wenn die RETURN-Taste gedrückt wird.

— Die Steuerzeichen mit den Dezimaläquivalenten 24 bis 29 werden, anders als der ASCII-Code es vorschreibt, zur Steuerung des Cursors verwendet. Dies ist nicht genormt. Daher kommt es vor, daß die Cursorsteuerung je nach Mikrocomputer unterschiedliche Codes aufweist (z.B. Dezimaläquivalent 11—15). Dies ist dem Herstellerhandbuch zu entnehmen.

27.3 Anhang A3: Umwandlung von Zahlen

27.3.1 Umwandlung von Binärzahlen (Dualzahlen) in Dezimalzahlen

— Binärzahlen besitzen nur zwei Werte, dargestellt durch die Ziffern: $\emptyset$ und 1.
— Die Stellenwerte der Ziffern in einer Binärzahl sind Potenzen von 2.

Einige Potenzen von 2 zeigt die folgende Tabelle:

$2^0 = 1$	$2^8 = 256$
$2^1 = 2$	$2^9 = 512$
$2^2 = 4$	$2^{10} = 1024$
$2^3 = 8$	$2^{11} = 2048$
$2^4 = 16$	$2^{12} = 4096$
$2^5 = 32$	$2^{13} = 8192$
$2^6 = 64$	$2^{14} = 16384$
$2^7 = 128$	$2^{15} = 32768$

Tabelle der ersten 16 Potenzen von 2

Die ausführliche Schreibweise der Binärzahl läßt sich mit Hilfe der Stellenwerte wie folgt angeben:

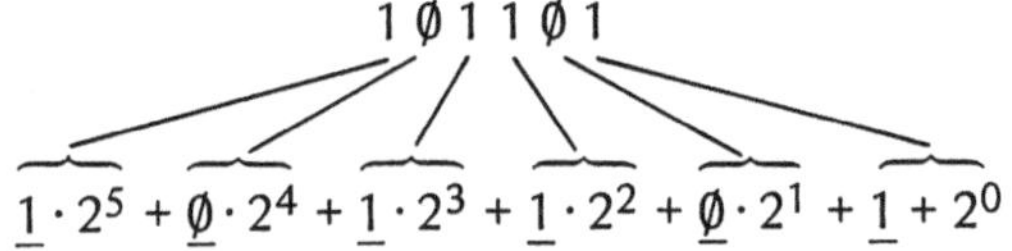

$$1\,\emptyset\,1\,1\,\emptyset\,1 \qquad \text{Binärzahl ohne Stellenwerte}$$

$$1 \cdot 2^5 + \emptyset \cdot 2^4 + 1 \cdot 2^3 + 1 \cdot 2^2 + \emptyset \cdot 2^1 + 1 + 2^0 \qquad \text{Binärzahl mit Stellenwerten}$$

Jeder Binärziffer ist in einer Binärzahl ein Stellenwert zugeordnet, der mit der Binärziffer zu multiplizieren ist. Den kleinsten Stellenwert bekommt die am weitesten rechts stehende Binärziffer zugeordnet. Der Stellenwert steigt nach links um jeweils eine Potenz.

Rechnet man den obigen Ausdruck, der die Stellenwerte enthält, aus, so erhält man das Dezimaläquivalent, d.h. die zur Binärzahl gehörende Dezimalzahl.

Für das oben angeführte Beispiel ergibt sich:

$$32 + \emptyset + 8 + 4 + \emptyset + 1 = 45_{\text{dez}}.$$

27.3.2 Umwandlung von Dezimalzahlen in Binärzahlen (Dualzahlen)

Mit Hilfe der Tabelle der Potenzen von 2 lassen sich Dezimalzahlen auch in Dualzahlen umwandeln. Dazu wird geprüft, welche Zweierpotenzen in der Dezimalzahl enthalten sind. Die entsprechenden Stellen der Dualzahl erhalten eine 1, die übrigen eine $\emptyset$.

Beispiel:

Umwandlung der Dezimalzahl 89_{dez} in eine Dualzahl.

$$
\begin{array}{r}
89 \\
-64 \;\;\hat{=}\; 2^6 \\
\hline
\text{Rest}\quad 25
\end{array}
$$

$$
\begin{array}{r}
-16 \;\;\hat{=}\; 2^4 \\
\hline
\text{Rest}\quad 9
\end{array}
$$

$$
\begin{array}{r}
-8 \;\;\hat{=}\; 2^3 \\
\hline
\text{Rest}\quad 1 \;\hat{=}\; 2^0.
\end{array}
$$

Somit ergibt sich die Binärzahl (Dualzahl) entsprechend der vorhandenen bzw. nicht vorhandenen Potenzen zu:

Potenzen	2^6	2^5	2^4	2^3	2^2	2^1	2^0
Binärzahl	1	$\emptyset$	1	1	$\emptyset$	$\emptyset$	1

27.4 Anhang A4: Literaturverzeichnis

[1]   IBM-Bedienerhandbuch.
[2]   IBM-BASIC-Handbuch.
[3]   IBM-Disk-Operating-System (DOS).
[4]   IBM-Technisches Handbuch.
[5]   IBM-Service und Diagnose Handbuch.

Sachwortverzeichnis

A
A-Befehl 102
Ablaufsteuerung 22
Adresse 3, 162
Alphanumerische Zeichen 2, 162
Antriebsöffnung 7
Arbeitsspeicher 3
— -Kapazität 3
ASCII-Code 165
— -Tastatur 2
Assembler 14
— -sprache 14
Aufsuchen von Zeichen 97
Ausgabe 4, 27
— -einheit 4
Austauschen von Zeichen 97
AUTO EXEC.BAT 152

B
BASIC 153
Batch 150
Band 162
Befehl 1, 4, 162
Betriebssystem 21
— Kommandos 25
Bildschirm 4
— -ausgabe 66, 135
Binärziffer 163, 171
Bit 163
BOOT 30
Byte 163

C
CHKDSK 61, 70
COMMAND.COM 30, 32
COMP 62, 146
Compiler 16, 17
COPY 60, 111

D
DATE 142
Datei 51, 163
— -ergänzungsname 51, 52
— -gruppenname 53
— -hauptname 51, 52
— -name 51
— -typ 51, 52

Daten 2, 6, 164
— -verarbeitsanlage 1, 11
DEL 138
Dezimaläquivalent 166
DIN-Tastatur 35
DIR 60, 63
DISKCOMP 62, 147
DISKCOPY 61, 125
Diskette 6
Diskettenlaufwerk 6
Drucker 4, 135
Dualzahl 171
DVA 1

E
E-Befehl 79, 81
Editieren 24
Editor-Bereitschaftszeichen 76
EDLIN 61, 74
Ein-Ausgabesteuerung 22
Einfügen von Zeichen 92
Einfügen von Zeilen 95
Eingabe 2, 27
— -einheit 2
ERASE 60, 138
Ersetzen von Zeichen 86
Extension 51
Externe Speicher 3, 5, 23

F
Festplatte 10
Festwertspeicher 27
File 51
Firmware 27
Floppy Disk Laufwerk 6
FORMAT 62
Formatierung 7, 9, 46
Formatierungskommandos 46

H
Hardware 11, 29
Hexadezimaläquivalent 166
— -zahl 13
Hilfsdatei 76

I
I-Befehl 78
Indexloch 7

Information 2
Interface 164
Interpreter 16, 19

K
Kaltstart 42
Kbit 164
Kbyte 164
Kommandosprache 25

L
Landesspezifische Systemdiskette 35, 37
Langloch 7
Laufwerkangabe 55
L-Befehl 83
Löschen von Zeichen 89
Löschen von Zeilen 84

M
Magnetbandkassettenrekorder 5
Maschinensprache 12
Minidiskette 8
Monitor 21
MS-DOS 29
— -Aufbereitungstasten 85
— -Diskettenformat 48
— -Kommandos 59
— -Systemdiskette 29

N
Normaldiskette 8

O
Objektprogramm 16
Öffnen von Dateien 103
Operating System 21
Operationsprogramm 21
OS 21

P
Plotter 5, 164
Problemorientierte Programmiersprache 15
Programm 1, 2
Programmiersprachen 12
Programmlauf 26

Q
Q-Befehl 81
Quellprogramm 16

R
RAM 3, 164
Rechenlauf 17, 26
— -werk 4

Register 164
RENAME 60, 142
ROM 27, 164

S
Schließen von Dateien 103
Schreib-Lese-Kopf 6
— -speicher 165
Schreibschutzkerbe 7
Sektor 7
Sicherungsdatei 102
Software 11, 29
Speicher 3
— -Kapazität 8, 10
— -verwaltung 22
— -zelle 3
Spur 6
Stapelverarbeitung 150
Stapelverarbeitungsdatei 150
Steuerparameter 121
— -werk 4
Symbolischer Code 14
SYS 62, 129
SYSTEM 153
Systembereitschaftszeichen 26
— -laufwerk 35

T
TIME 149
TYPE 60, 130

U
Übersetzer 15, 17
— -protokoll 17
Übersetzungslauf 17

V
Verarbeitungsgeschwindigkeit 4, 165
Verketten von Dateien 120

W
Warmstart 43
W-Befehl 101

Z
Zeilenaufbereitungsbefehl 84
Zentralprozessor 11
Zoll 165
Zugriffszeit 3, 7, 10
Zyklus 165